Roman Maria Koidl

# WARUM WIR IRRE WÄHLEN

Hoffmann und Campe

1. Auflage 2017
Copyright © 2017 by Roman Maria Koidl
*www.hoca.de*
Einbandgestaltung: Sarah M. Hensmann
© Hoffmann und Campe
Satz: Arnold & Domnick GbR, Leipzig
Gesetzt aus der Albertina MT Std
Druck und Bindung: CPI books GmbH, Leck
Printed in Germany
ISBN 978-3-455-00249-2

HOFFMANN
UND CAMPE

*Ein Unternehmen der*
GANSKE VERLAGSGRUPPE

# Inhalt

*Für mich*

# Einleitung

Der moderne Wahlkampf braucht die Wirklichkeit nicht mehr. Seine Debatten finden in Scheinrealitäten, mit scheinbaren Argumenten statt. Wir stehen am Beginn des postfaktischen Zeitalters. Es ist die Geburtsstunde eines neuen Politikertyps, des »Psycho Politico«. Seine Legitimation ist die Angst, seine Opposition die Realität. Twitter und Facebook bringen ihm die notwendigen Mehrheiten, sein Wahlkampf ist ebenso unabhängig von der Parteilinie wie von ihrem personellen Auswahlprozess. Die Partei, Basis des demokratischen Willensbildungsprozesses, wird zum Auslaufmodell.

Seine unmittelbaren Botschaften treffen auf einen Bürger, dem seit Jahren die Verantwortung für das eigene Leben abgenommen wurde. Sein Eskapismus aus Realität in Fiktion, von Fakten in Faktoide und von Emotionen in kitschiges Pathos, macht ihn empfänglich für vielerlei Botschaften.

Die Ängste der Wähler mögen bisweilen mangelhaft artikuliert sein, gänzlich unbegründet sind sie nicht. Auf die gewaltigen Umwälzungen der Globalisierung folgt die digitale Revolution, die mindestens die Hälfte aller Arbeitsplätze kosten wird. Wer braucht bei selbstfahrenden Autos noch Taxi-, Bus- oder LKW-Fahrer? Wozu noch Personal-, Bank- oder Vermögensberater? All das erledigt in Zukunft ein Automat. Die einen werden arbeiten, ohne Geld dafür zu erhalten, die anderen bekommen Geld, ohne zu arbeiten. Die Frage, wer zukünftig in die sozialen Sicherungssysteme einzahlt, steht derzeit ebenso wenig auf der politischen Agenda wie das Thema Bedingungsloses Grundeinkommen, an dessen Einführung man kaum einen Zweifel haben kann.

Das Lobby-Argument der Digitalbranche, »neue Jobs mit höherer Qualifizierung«, ist jenen, die mangelhaft qualifiziert sind, kein Trost. Die damit einhergehende Wut richtet sich gegen jene, die übersehen, dass nicht jeder Mensch die gleichen Startchancen hat. Weder intellektuell noch finanziell, nicht einmal emotional. Die neuen Verlierer sind nicht die Armen, es sind die Dummen.

Folglich befinden wir uns nicht in einer sozialen, sondern in einer politischen Krise. Auf den Straßen halten die Demonstranten keine Plakate gegen soziale Missstände in die Höhe – sie lehnen das politische System insgesamt ab, die Medien und Eliten gleich mit dazu.

Diesen Paradigmenwechsel hat vor allem die Sozialdemokratie nicht richtig mitbekommen. Ihre Themenwahl für den Bundestagswahlkampf 2017 ist ein Sommerschlussverkauf politischer Angebote. Tragbar, aber nicht mehr im Trend.

Zugleich programmieren zumeist junge, intelligente Männer eine digitale Zukunft, die nicht nur jene zurücklassen wird, die daran keinen Anteil haben werden, sondern uns alle im Hinblick auf Daten und Privatsphäre ausbeuten und benutzen wird. Rasant explodierende Start-ups, die ihre eigenen Normen, ihre eigenen Regeln schaffen und dabei nicht-stoffliche, staatsähnliche Strukturen aufbauen, denen die »alten« Nationalstaaten herzlich wenig entgegensetzen. Es entstehen Organisationen, die unseren Rechtsstaat ignorieren und unsere demokratische Grundordnung erodieren.

Wir sind auf dem Weg in eine technokratische Diktatur, eine stille Machtübernahme, eingeleitet von wenigen Milliardären. Es ist der Beginn eines neuen Totalitarismus, den die meisten Politiker mit Achselzucken beantworten, weil sie ihn technisch schlicht nicht begreifen.

Die unglaublichen digitalen Möglichkeiten, den Einzelnen anzusprechen, zu manipulieren, zu desinformieren, lassen die Notwendigkeit wachsen, sich mit den Mechanismen dieser Revolution auseinanderzusetzen. Es ist die Psychologie des Wandels, die uns beschäftigen wird. Sie findet ihre Symbiose in der Psychometrie, der psychologischen Vermessung von uns allen. Ihre logische Basis besteht aus den Grundelementen unserer menschlichen Ängste. Sie sind Schlüssel zu Problem und Lösung.

So stellen wir fest, dass die leicht zwanghaften Bürger, jene, die Veränderung und Wandel fürchten, die gleiche psychologische Angststruktur aufweisen wie jene, die die Systeme einer neuen Weltordnung programmieren. Eine angsterfüllte Allianz der Zwanghaften.

Wohin führt die Angst? Die Antwort lautet: unmittelbar in die Radikalisierung. Doch sind nicht langbärtige Bombenleger aus den Vorstadtmoscheen das Problem, es ist die breite Radikalisierung unserer Mittelschicht. Sie reicht von der leichten Zwangsstörung der Bio-Prediger und Irgendwas-Intoleranten über die Hassmail-Schreiber und »Lügenpresse«-Brüller bis zu den gewalttätigen Brandsatzwerfern.

Eine angstvolle laute Minderheit droht die schweigende Mehrheit zu übertönen, ja, sie zu beherrschen. Die einen durch Radikalisierung des Systems, die anderen durch radikale Systeme.

Es geht um nicht weniger als die grundlegende Veränderung von Arbeit, die Zukunft des ökologischen Gleichgewichts und nicht zuletzt um die Frage, ob mit der Digitalisierung vor uns eine Revolution liegt, die, ebenso wie die Umstürze der Industrialisierung und der nachfolgenden Mechanisierung, jeweils in Weltkriege und großflächige Zerstörung mündet.

*Die einen kennen mich,*
*die anderen können mich.*

Konrad Adenauer


# Psycho Politico

Eine immer gefühllosere Gesellschaft verwechselt Pathos
mit Emotion und Wirklichkeit mit Phantasie. Sie ver-
schiebt die eigene Verantwortung auf Stellvertreter und
in Ersatzhandlungen. Es ist eine saturierte Mittelschicht,
die vor den Konsequenzen des Wandels flüchtet. Und was
ist mit unseren Sehnsüchten? Sehnsüchte brauchen den
Mangel. In unserer Gesellschaft gibt es aber kaum Mangel,
also wird er erschaffen. Das alles spielt sich in einer Welt
idealisierter Partnerbilder, falscher Karrierevorstellungen
und erträumter Millionärsvisionen ab: hyperglatte Pro-
jektionsflächen mit Glückskekswahrheiten, die zugleich
eine immer stärkere Besitzstandswahrung und ein trotzi-
ges »Jetzt-sind-wir-mal-dran«-Ego mit sich bringen. Da ist
das eigene Weiterkommen auf der Autobahn schon mal
wichtiger als das Leben Schwerverletzter, wie die Zahl
jener Hirnlosen belegt, die eine Rettungsgasse als Einla-
dung zur Vorfahrt begreifen.

Dem geschätzten Mitbürger wird seit Jahren alles

abgenommen: das Fühlen, das Denken, das Handeln, kurzum die Verantwortung für das eigene Leben. So verschieben die sogenannten »besorgten Bürger« ihren individuellen Lebensfrust auf Politiker und die Repräsentanten des Staates. Entlädt sich die Wut an »denen da oben«, werden Politiker zum Blitzableiter. Polizisten, ja selbst Sanitäter werden im Einsatz bedroht und attackiert. Weniger aggressive Zeitgenossen charakterisiert gleichwohl ein nicht minder schlechtgelauntes Genöle permanenter Unzufriedenheit. Wie etwa von jenen, die sich beim Kinderkanal KiKa lauthals über das Programm beschweren, obwohl sie gar keine Kinder haben.[1]

Wünsche und Träume hingegen erfüllen zunehmend Ersatzmänner und -frauen. So bringen die Kastelruther Spatzen eine verlorene Heimat zurück, die es nie gab, und Helene Fischer katapultiert die Traumfrau ins Wohnzimmer, die es nie geben wird. TV-Köche bereiten frisches Gemüse zu, doch der letzte große Wachstumsmarkt sind Fertiggerichte aus der Tiefkühltruhe. Die mühevollen Stufen zur gereiften Persönlichkeit beschreiten wir nicht selbst, das erledigt Hape Kerkeling für Millionen auf dem Jakobsweg. Steigt dennoch der seelische Druck, weichen wir in Spielfiguren aus, keineswegs nur bei Online-Games, wie der wachsende Zulauf zu Mittelalter-Märkten, Ritterspielen und Westernclubs belegt. Mancher Mann verweigert gleich vollständig das Erwachsenwerden und tritt mit fünfzig noch als Botox-Berufsjugendlicher in Erscheinung. Und überhaupt, wozu noch die beschwerliche Beziehungsarbeit einer Ehe auf sich nehmen, wenn an jeder Ecke jemand zu tindern ist? Widersprüchliche und widerstrebende Gefühle stehen wir nicht durch, halten sie nicht aus, sondern wischen sie weiter, mit dem Zeigefinger der Beliebigkeit. Wir begnügen uns derweil mit einem Zweitakt-Gefühlersatzgemisch aus Pathos und Peinlichkeit, abgeschaut bei Telenovelas und sülzenden Schlagertexten.

Statt unser Leben eigenverantwortlich in die Hand zu nehmen, widmen wir uns Ersatzproblemen. Scheindebatten einer Öffentlichkeit, die längst den Diskurs über Lösungen durch billige Empörung ersetzt hat.

Es ist eine Mediengesellschaft, in der das Gefühl zur Sentimentalität verkommen ist. Ein amerikanisches Pathos, dessen zähe Soße als Geschmacksverstärker über jedes Thema gegossen werden muss, weil es sich ansonsten gar nicht mehr vermitteln lässt. So entsteht ein verkitschter Nährboden für Populismus einer auf Bilder fixierten Öffentlichkeit, die schneller wertet, als sie denken kann. Das mag auch früher schon so gewesen sein, wurde aber seinerzeit durch den sogenannten moralischen Kompass abgemildert. Ein Gerät, bestehend aus Gefühl und Anstand oder wenigstens gefühltem Anstand. Sein gegenwärtiger Verlust macht orientierungslos, weshalb »Fake News« und immer irrere Politikerbotschaften überhaupt eine Chance haben, gehört zu werden.

Zugleich finden jene zunehmend Gehör, die diese Wohlstandsverwahrlosung für sich zu instrumentalisieren wissen. Irre Botschaften stimulieren irrationale Ängste. Die Folge ist: Wir wählen irre.

Ausgangspunkt des vorliegenden Essays ist meine These zu einer Gesellschaft, deren prägendes Motiv die Angst ist: Angst lässt uns in Ersatzrealitäten flüchten oder die Schuld bei anderen suchen. Angst lässt Wahlen gewinnen oder verlieren. Angst ist der Treibstoff für »Fake News« und die Psycho-Manipulationstechniken digitaler Kampagnen und fremder Mächte. Dazu ist, nicht selten unterschätzt, Angst das zentrale persönliche Motiv im Leben derer, die wir wählen, uns zu vertreten. Vor allem aber ist Angst der Motor zur Radikalisierung in uns allen. Intoleranz als Synonym einer zwangsneurotischen Gesellschaft, die bei Laktose beginnt und beim Molotow-Cocktail nicht endet.

Dabei handelt es sich nicht um reale Ängste, wird unser Leben doch seit Jahren immer sicherer, wohlhabender, gesünder. Es ist vielmehr eine »neurotische Angst«, denn es sind eingebildete Gefahren. Mit diesen Neurosen setzen wir uns nicht auseinander, sondern verschieben sie auf andere. Schuldige finden sich dabei immer, Täter hingegen wenige. Flüchtlinge auf dem Balkan, die Banker, Griechenland oder die EU. Das führt zu gefühlt immer mehr Einbrüchen und Kriminalität, wahlweise zur Überfremdung, wo kein einziger Ausländer wohnt. Oder zur Bedrohung einer nationalen Identität, die längst von einem bunten Einwanderungspluralismus lebt.

Fakten belegen in der Regel das Gegenteil der Gemütslage. Das fördert allerdings nicht die Zufriedenheit, sondern die Ablehnung der Fakten. Mehr noch, es führt überhaupt zur Ablehnung von Bildung und damit auch derjenigen, die sie sich erworben haben.

Wo Pathos die Emotionen, Phantasie die Realität und Faktoide die Fakten ersetzen, zeigt sich eine pluralistische Demokratie von ihrer verwundbarsten Seite. Es ist die Stunde der großen Vereinfacher, der Fallensteller und Propagandisten, die lauthals nach der angeblich demokratischeren Form, nämlich der direkten Demokratie rufen.

Nicht mehr der Inhalt macht die Botschaft, sondern seine Form. Schriller, lauter, aggressiver oder gleich kompletter Nonsens – Hauptsache, es wird gesendet. Die daraus resultierende Aufmerksamkeit folgt keiner politischen Ideologie, sondern reiner Ökonomie. Klicks bringen Geld, und »Fake News« bringen am meisten. Denn Menschen wünschen sich Lösungen, keine Probleme. Fragt man Leute nach dem Weg, auch wenn sie ihn gar nicht wissen, so bevorzugt erstaunlicherweise die Mehrheit eher eine falsche Antwort als gar keine. Wenn man dann in die falsche Richtung geht, ist eben jemand anderes schuld. Das ist die große Chance des mediengestützten Populismus und seiner »alternativen Fakten«, vermeintlichen Tatsachen, die auf falschen Annahmen oder erfundenen Sachverhalten basieren.

Es ist die Angst vor dem Wandel, der Veränderung, dem Instabilen, die uns in eine »Andere-kümmern-sich-schon«-Haltung flüchten lässt. Hauptsache, wir müssen keine Verantwortung übernehmen. Gefühlte Beschwerden gibt es dennoch, aber keine, die klar zu benennen wären. Konkrete Vorschläge erst recht nicht. Aber es ist dieses »Gefühl«, das bleibt, dass da etwas nicht stimmt. Dieses Gefühl, so das einhellige Politikgeschwafel, müsse man jetzt »ernst nehmen«, sei es auch noch so abstrus. Es kommt einem vor wie bei einem Falschfahrer auf der Autobahn, dem man entgegenruft: »interessante Richtung«!

Doch nicht nur die Bürger verschieben ihre Wohlstandsängste und flüchten aus der »wirklichen Wirklichkeit«. Auch Politiker sind von persönlichen Angstmotiven getrieben. Obrigkeitshörigkeit und medial aufgebaute Distanz lassen uns übersehen, dass da mitunter eher schlichte Zeitgenossen am Werk sind, die – wie wir alle – individuellen Angstmotiven folgen: der Furcht vor der Veränderung, der Scheu vor der Selbstwerdung oder der stillen Panik, nicht geliebt zu werden. Gerade erst lernen wir an einem prominenten Beispiel, wie wichtig die geistige Gesundheit eines Staatschefs für unsere Sicherheit sein kann. Umso mehr sind wir aufgefordert, uns mit der Frage nach Charaktereigenschaften, offensichtlichen Störungen und psychischen Defekten auseinanderzusetzen. Vor allem deshalb, weil Politiker nicht mehr in einem jahrelangen Vorschlags- und Auswahlprozess der Parteien auf Eignung und Zuverlässigkeit geprüft werden, sondern durch den Einsatz sozialer Medien wie Facebook und Twitter. Gleichsam aus dem Nichts erreichen sie Mehrheiten und kommen durch Agitation und reine Propaganda an zentrale Stellen der Macht. So hat sich ein gänzlich neuer Politikertyp, der »Psycho Politico« entwickelt. Seine Merkmale: laut, aggressiv und stets den nahen Untergang predigend. Sein Heilsversprechen ist die kollektive Flucht aus der Wirklichkeit, eine Abwendung des Unausweichlichen. Merkmal dieser Bewegung ist eine Basis aus Lügen, Übertreibungen und Phantasiewelten. So wurde die »Scripted Reality« der Vorabendunterhaltung unbemerkt zur Grundlage realer Politik. Die Tatsache, dass Politiker seit Neuestem selbst in höchsten Positionen falsche Informationen verbreiten oder wiedergeben, gar selbst ungestraft lügen, macht die Falschinformation amtlich. Der Irrsinn wird zu einem alternativen Fakt, einem »Faktoid«, zur Wahrheit einer nicht wirklichen Wirklichkeit. Dabei gilt: Wer gut lügt, gewinnt. Und wer besser lügt, kommt sogar richtig ehrlich rüber. Hauptsache, unsere Ängste werden bestätigt, von wem auch immer. So braucht der moderne Wahlkampf die Realität nicht mehr. Seine Debatten finden in Scheinrealitäten, mit scheinbaren Argumenten statt. Verdrehen, verschieben und lavieren: Das ist der Dreiklang moderner Mehrheitsbildung.

Warum also wählen wir irre und Irre? Sind es die Bürger, denen nicht mehr zu trauen ist, wie die wachsende Zahl an Spitzenpolitikern meint, die in den Hinterzimmern der Hauptstadt bereits über die Vorteile einer »gelenkten Demokratie« schwadronieren? Oder sind es gar die führenden Repräsentanten selbst, denen man – von Zwangsstörung bis Narzissmus – die leichte Persönlichkeitsstörung schon von Weitem ansieht? Und dann wären da noch die Medien, die sich von einer Säule der Freiheit zu einem Fundament der Freizügigkeit entwickelt haben und zugleich meinen, als selbsternannte »vierte Gewalt« nicht nur über die Macht zu berichten, sondern den Anspruch erheben zu dürfen, über die Politik selbst mitzubestimmen, wie die wachsende Präsenz präpotenter Print-Publizisten in Polit-Talkshows belegt. Von den ungeheuerlichen technischen Möglichkeiten der massiven Wählerbeeinflussung durch den Einsatz von »Big Data« und künstlicher Intelligenz ganz zu schweigen.

Unsere Welt ist im Umbruch. Diskussion und Reflexion durchaus berechtigter Ängste vor den Folgen dieser Revolution weicht Scheindebatten, deren pathetisches Charakteristikum die Empörung, wahlweise die Bestürzung ist. In der politischen Kommunikation findet all dies Ausdruck in einem Wechsel von Überzeugungen zu Geschichten, von Inhalten zu Unterhaltung, von Fakten zu Gefühlen.

Der amerikanische Präsident hat – 100 Tage im Amt – bereits seine Kampagne für das Jahr 2020 gestartet. Wahlkampf als Selbstzweck, das Regierungsgeschäft als lästige Nebenerscheinung der Entertainment-Industrie. Es ist der Beginn eines postfaktischen Zeitalters, die Stunde des »Psycho Politico«. Seine Legitimation ist die Angst, seine Opposition die Realität, seine Wählerbasis eine radikalisierte Mittelschicht.

*Ahnungslosigkeit ist die*
*Objektivität der schlichten Gemüter.*
Harald Schmidt

# Wahnsinnige Wähler

Auf eine immer schwerer zu begreifende Wirklichkeit reagieren wachsende Teile der Bevölkerung mit irrationalen Ängsten, die sich nicht zuletzt in Verschwörungstheorien ausdrücken. Wo das Wissen um Zusammenhänge endet, fügt unser Hirn phantastische Elemente hinzu, um die allfälligen Wissenslücken zu schließen. Offenbar versucht unser Kopf immer, ein geschlossenes Ganzes zu präsentieren. Ergeben sich Lücken, wird eine Ersatzrealität konstruiert. Wer wenig weiß, konstruiert mehr. So gibt es nicht wenige Menschen, die glauben, ARD und ZDF würde eine fremde Macht die Texte in den Block diktieren. Das kann man als verrückt ächten oder als das verstehen, was es ist, nämlich eine atemberaubende Hilflosigkeit, das Unbegreifliche begreiflich und sich selbst dabei komplett lächerlich zu machen.

Ich habe jahrelang für Print- wie auch für private und öffentlich-rechtliche Medien gearbeitet. Mir hat nie jemand gesagt, was ich hätte schreiben, sprechen, senden sollen.

Die Verschwörungstheorie ist nichts anders als eine intellektuelle Schonhaltung von Menschen, die mitreden wollen, aber schlicht zu faul sind, sich angemessen zu informieren. Zuweilen fehlen auch die intellektuellen Möglichkeiten. Dabei ist insbesondere das Aufkommen der sozialen Medien kontraproduktiv, lassen diese doch die Verschwörungstheorien des Einzelnen in der Echokammer Gleichgesinnter zunächst als wahrscheinlich und kurz darauf als wahr erscheinen. Die »große Verschwörung« ist eine Fiktion der Furcht, eine Artikulation der Angst. Das ist die Wirkung. Die Ursachen hingegen sind vor allem in Bequemlichkeit und Faulheit zu suchen.

Politische Bildung, wenigstens Allgemeinbildung, ist das einzige Gegenmittel zu politischem Extremismus. Doch zusätzliche Erklärungen, mehr Talkshows, weitere Wähleranalysen und Angebote an »Fakten« gehen schlicht an dieser Wählergruppe vorbei, deren Interesse an komplexen Zusammenhängen, zurückhaltend ausgedrückt, wenig ausgeprägt ist. Denn wer sich näher mit den Dingen befasst, muss irgendwann auch eine begründbare Haltung dazu entwickeln. Dies wiederum mündet darin, sich einzugestehen, dass die Dinge nicht so einfach zu lösen sind, wie man zuvor dachte. Dass es gute Gründe dafür gibt, warum wochenlang um Positionen, Meinungen und Lösungen gerungen wird.

Einfacher ausgedrückt: Es ist keineswegs so, dass eine Mehrheit der Bürger nicht in der Lage wäre, Zusammenhänge zu verstehen. Aber erstens treffen neue Blickwinkel meist auf zementierte Einstellungen, die zu ändern mehr als ein unangenehmes Gefühl auslöst. Schließlich muss man sich womöglich eingestehen, nicht recht gehabt zu haben. Darüber hinaus bedeutet es in gewisser Weise Arbeit, weil man nicht mehr umhinkommt, selbst eine Lösung vorzuschlagen. Das ist im Bundestag nicht anders als in der Eckkneipe. Irgendwann kommt die Frage: »Wie würdest du es denn machen?«

Auf diese Frage haben die wenigsten eine Antwort, wie eine ARD-Reportage des Magazins *Panorama* aus Haßloch in der Pfalz nahelegte.[2] Die Kleinstadt war deshalb gut gewählt, weil sie als Marktforschungslabor dient. Die Struktur der Einwohner kommt dem Durchschnitt der Bundesrepublik sehr nahe, weshalb unter anderem die Gesellschaft für Konsumforschung (GfK) Haßloch als Testmarkt nutzt.

In dem TV-Beitrag marschiert ein Lokalpolitiker einer großen Volkspartei mit einem Fernsehteam durch die Stadt, klingelt an Haustüren, stellt sich vor und fragt nach dem Befinden. Schmucke Häuschen, geordnete Gardinchen, gepflegte Gärtchen. Ding-Dong.

Zunächst kommt der übliche Schwall an Floskeln, von »denen da oben«, den Politikern, die sich »nicht kümmern«, »den Umständen«, die immer schlimmer werden, und natürlich »den Asylanten« (in Haßloch leben 254 Flüchtlinge unter 21 000 Einwohnern). Die übliche Litanei. Dann sagt der Bürgervertreter, er stehe ja nun hier, was denn nun genau von ihm gewünscht werde, was er besser machen könne. Er sei wirklich offen für Vorschläge und Anregungen – aber es kommt nichts. Auch auf Nachfrage keine Forderung, kein Hinweis, keine Idee. Am Ende stellt sich heraus: Die zufällig Befragten hatten reichlich wenig Probleme, noch nie einen »Asylanten« gesehen und waren auch sonst eigentlich ganz zufrieden. Vielen Dank und schönen Tag noch!

Damit ist natürlich keineswegs gesagt, dass es in Deutschland keine Probleme gibt. Soziale Ungerechtigkeit, der sinkende Lebensstandard der Geringverdiener, Integration und Migration, Kriminalität und Bildung. Alles richtig. Das Erhellende an diesem TV-Beitrag bestand ja nicht darin aufzuzeigen, all dies seien keine realen Probleme. Der Sinn des Beitrags war vielmehr zu verdeutlichen, wie wenig die Bürger tatsächlich darüber wissen und vor allem, wie wenig ihnen die Größenordnung dieser Problemstellungen klar ist.

Es geht im politischen Diskurs weniger um »richtig« oder »falsch«, sondern darum, die Fakten in ihrer Relation zu bewerten, also ins Verhältnis zu setzen. Richtig, es sind viele Flüchtlinge 2016 zu uns gekommen, über eine Million. Aber auf das Oktoberfest gingen im selben Jahr fast sechs Millionen Besucher. Davon blieben rund vier Millionen in München über Nacht, wovon übrigens 30 Prozent bei Freunden nächtigten.[3] Das bedeutet, die

Münchner Einwohner nehmen in den vier Wochen des Oktoberfestes die Anzahl aller Flüchtlinge aus 2016 bei sich zu Hause auf, nämlich 1,2 Millionen Besucher.

Gefühlt werden immer mehr Einbrüche begangen. Oft löst ein rumänisches, bulgarisches oder ukrainisches Autokennzeichen in der Nachbarschaft bei vielen Bürgern schon Angstzustände aus. Richtig, Einbruchskriminalität von umherreisenden osteuropäischen Banden ist ein Problem. Aber 2016 ist die Zahl der Einbrüche um fast 10 % zurückgegangen.[4]

Diese Beispiele lassen sich beliebig fortsetzen. Verhältnismäßigkeit ist das Gegenteil von schwarz-weiß. Allen Bemühungen von Medien, Bildungseinrichtungen und Aktionsgruppen zum Trotz geht diese vertiefte Betrachtung der Realität an den meisten Wählern vorbei. Schlimmer noch, sie schenken den Statistiken keinen Glauben, halten diese gar für »gefälscht« oder für ein Produkt der »Lügenpresse«. Was nicht ins Glaubensmuster passt, wird aussortiert.

Wo alternative Wahrheiten auf tatsächliche Fakten treffen, entsteht Ohnmacht. Denn der Typ mit den Fakten weiß es ja immer besser. Er ist demjenigen, der sein Bauchgefühl sprechen lässt, überlegen. Das bedeutet aber nicht, dass man den »uninformierten Bauchentscheider« damit überzeugen könnte. Er möchte bei seinen Glaubenssätzen bleiben und weigert sich, diese zu verändern. Dass er damit nicht mehrheitsfähig ist, begreift auch das schlichteste Gemüt. Die anderen artikulieren ja permanent ihre Meinung, im Fernsehen, auf Gegendemonstrationen, im Fußballverein. Kommen sie ihm dann mit Fakten, ist er »wieder der Dumme« und steht »blöd da«. Das schafft Frustration, die sich zu handfester Wut hochschaukeln kann. Der Wutbürger ist geboren, und mit ihm eine neue Phase des politischen Zorns. Ihn erfüllt ein Gefühl der Ohnmacht und Zurückweisung. Eine Welt, in der die Besserwisser, die Gebildeten, die Informierten die Argumente haben. Das ist mit »Establishment« gemeint, den Eliten und Experten, die in diesen Kreisen verhasst sind. Wer jemals mit einem uninformierten Bauchmenschen diskutiert und versucht hat, ihm mit Argumenten zu begegnen, kennt die Spirale, die dieses Gespräch nimmt. Gegenargument, Leugnen, aufkommende Empörung, Wut, Verzweiflung, Abbruch des Gespräches: »Du blöder Besserwisser.«

Die Gefühle des Einzelnen, zurückgesetzt, überstimmt, belehrt zu werden, entwickeln sich zu einer politischen Strömung. Die Uninformierten werden aggressiv, gehen auf die Straße, pöbeln, beleidigen und drohen. Es ist eine zunehmende Verrohung in der Gesellschaft zu beobachten, die bis in den Bereich der strafbaren Handlungen reicht, wie die Kriminalitätsstatistik 2016 ausweist.[5] Dabei ist es das ganz normale Bürgertum, Teile der Mittelschicht, die ein immer aggressiveres Verhalten an den Tag legen. Das geht auch aus der Studie der Universität Bielefeld zur gruppenbezogenen Menschenfeindlichkeit[6] hervor: rassistisch, gewaltbereit, sozialverächtlich. Keine durchgeknallten Nazis, sondern der Nachbar von nebenan.

Unsere Gesellschaft muss offen darüber diskutieren, welche Rolle Politiker, welche Funktion die Medien, welchen Einfluss soziale Netzwerke in der Ausübung ihrer Macht haben. Aber es ist auch notwendig, einmal zu erörtern, welche Verantwortung den Bürgern eigentlich selbst zufällt. Darüber debattieren wir nicht öffentlich, denn aus Sicht des politischen Betriebes will sich selbstverständlich kein gewählter Vertreter beim Wahlvolk unbeliebt machen, möchte kein Medium Publikumsbeschimpfung betreiben und kein soziales Netzwerk seine Kunden verprellen.

Dabei sind sich die Vorgenannten durchaus einig, dass die politische Bildung in weiten Teilen der Bevölkerung nicht ausreichend ist. Es macht vielen Bürgern Mühe, selbst einfachste Sachverhalte einzuordnen. Das mag anti-demokratisch klingen, ist aber zunächst nur eine Feststellung.

Der Publizist Reinhard Mohr wies in einem Artikel vor einiger Zeit darauf hin, dass 40 % aller jugendlichen Migranten die Nazizeit durchweg positiv bewerten.[7] Fast der Hälfte aller Jugendlichen, einschließlich der deutschen, ist der Unterschied zwischen Diktatur und Demokratie nicht geläufig. Sie glaubt, die alte Bundesrepublik sei eine Diktatur gewesen, und Adolf Hitler habe die Mauer gebaut.

Bei Erwachsenen sieht das keineswegs besser aus. Die meisten Menschen haben Probleme, ihre Stromrechnung zu verstehen. Wie sollen sie über hyper-komplexe Zusammenhänge internationaler Finanzmärkte entscheiden?

Kein Wunder, dass es für populistische Kräfte einfach ist, den Menschen zu erzählen, dass »das dringend für das britische Gesundheitssystem benötigte Geld nach Brüssel gesendet wird« (UK-Leave-Kampagne). Oder dass, sinngemäß, die faulen Griechen am Strand liegen, während der deutsche Schaffer malocht (*BILD*-Zeitung). Glaubwürdig ist, was logisch klingt. Wahr ist, was die eigenen Vorurteile schon immer geflüstert haben.

Nehmen wir an, draußen ist Sommer. Es herrschen unerträglich schwüle 35 Grad. Es kommt jemand und bietet warmen Tee an. Die Mehrheit wird empört wahlweise wütend oder gar höhnisch ablehnend nach einem Kaltgetränk rufen. Gleichwohl ist warmer Tee bei Hitze das Beste. Er reguliert die Körpertemperatur, vermeidet Gastritis und wird daher aus gutem Grund im Orient seit Jahrhunderten getrunken. Das muss man aber erfahren, gelesen oder gelernt haben. Der Instinkt jedenfalls behauptet wacker das Gegenteil. Donald Trump bevorzugt übrigens eiskalte Coca Cola.[8]

Dieser Widerspruch ist ein bekannter Verhandlungstrick. Wenn man Ihnen eine Kette von Fakten aufzählt, die aneinandergereiht logisch klingen, wird Ihnen nicht auffallen, dass dem Beginn der Kette gar kein sachlicher

Bezug zugrunde liegt. Die kürzeste aller Ketten lautet: Ausländer nehmen uns die Arbeitsplätze weg. So war es eben gerade die britische Leave-Kampagne, die ihre Wähler mit einem Trick in die Irre geführt hat. Die Menschen glaubten, der unbeliebte polnische Einwanderer müsse nach dem Votum das Land verlassen. Heute begreifen sie, dass nicht die Polen England, sondern die Briten die EU verlassen, mit allen daraus erwachsenden Nachteilen.

In den USA war festzustellen, dass Donald Trump besonders große Unterstützung bei jenen Wählern erfahren hat, die besonders wenig über politische Zusammenhänge wissen. Der US-Politikwissenschaftler Jason Brennan hat den Wahlsieg der Trump-Anhänger einen »Tanz der Trottel« genannt.[9] Nach Brennan teilen sich die Bürger in drei Lager. Zum Ersten die Uninteressierten und Meinungslosen, etwa 50 Prozent der Bevölkerung. Zum Zweiten die Meinungsstarken, aber Uninformierten, die das politische Lager mit der Fankurve eines Fußballvereins verwechseln. Und zum Dritten die informierten sachkundigen Einwohner, die auf Basis von Argumenten und Fakten entscheiden wollen, mit einem Viertel der Bevölkerung zweifellos die Minderheit.

Die deutliche Mehrheit wird also von uninformierten »Bauchgefühlentscheidern« gestellt, die mit großer Selbstgewissheit Repräsentanten wählen, zu denen sie stets eine feste Meinung haben. Vor einigen Jahren kam bei einer Umfrage heraus, dass die meisten Deutschen, gäbe es eine Direktwahl, den TV-Quizmaster Günther Jauch zum Bundespräsidenten wählen würden. Seine Qualifikation war ihnen egal. Entscheidend war die Überzeugung, dass er so viele Antworten selbst auf schwierigste Fragen wisse. Dass er sie von einem Bildschirm abliest: Nebensache! In meinem näheren Umfeld war ein pensionierter Ingenieur der Ansicht, Mario Adorf sei einer der klügsten Deutschen. Auf die Frage, wie er darauf komme, sagte er: »Der sagt immer so geistreiche Dinge.« Dass es sich dabei zumeist um Ideen und Texte anderer handelt (nämlich der Drehbuchautoren), war ihm nicht gegenwärtig.

Wer also meint, die – nach Jason Brennan – Uninformierten seien doofe Hartz-IV-Empfänger, begeht seinerseits den gleichen Fehler des Schwarz-Weiß-Denkens, der zuvor beschrieben wurde. Die junge Autorin Anna Mayr hat in einem Artikel geschildert, wie ihre Mutter, eine Hartz-IV-Empfängerin, sie zur politischen Haltung erzogen hat: »Mamas größter Feind sind Generalismen, sogar, wenn sie harmlos sind. Wenn ich als Kind von ›den Jungs‹ gesprochen habe, habe ich Anschiss bekommen, was besonders war, weil ich sonst nie für irgendwas bestraft wurde. ›Sind ja nicht alle Jungs gleich‹, hat sie dann gesagt. Die Türken, die Russen, die Nutten, die Penner, die Jungs, die VerkäuferInnen beim Lidl – verbotene Satzanfänge.«[10]

So beginnt politische Bildung, im Kleinen, in der Familie, an einfachen Beispielen. Sie beginnt mit der Sprache, denn diese prägt unsere Denkmuster und in der Folge unsere Handlungen.

Nicht die vielzitierten »wirtschaftlich Abgehängten«, also die Empfänger von Transferleistungen, wählen die politischen Randparteien und entscheiden sich für die Extreme. Es sind die Uninformierten. Sie haben bei der Wahl zum 45. Präsidenten der USA den Ausschlag gegeben. In letzter Konsequenz haben die Uninformierten einen aus ihrer Mitte gewählt, der sie zutreffend repräsentiert.

Von Donald Trump ist bekannt, dass er nicht liest, nicht einmal die Dossiers der Geheimdienste. Er versteht die Aufgaben seines Amtes einfach nicht. Beim NATO-Treffen im Mai 2017 wurden die offiziellen Redebeiträge gekürzt, damit ihnen der mächtigste Mann der Welt überhaupt annähernd folgen kann. Dass Donald Trump weder intellektuell noch moralisch in der Lage ist, das Land zu führen, interessiert seine Anhänger nicht. Wieso auch? In ihm sehen sie schließlich sich selbst. So schlecht kann er also nicht sein.

Damit hat sich eines gezeigt: Die Wähler treffen keine politische Wahl, sondern sie treffen Konsumentscheidungen. Deswegen hat auch ein Mann das Rennen gewonnen, der besser als seine Kontrahenten aus dem professionellen Politkader verstanden hat, wie die konsumgüterfixierten amerikanischen Massen mit reinem Entertainment anzusprechen sind. Eine Strategie, von der man meinen könnte, dass sie dem in den USA beliebten Wrestling folgt. Da wird geschrien und gestöhnt, geschlagen und durch die Luft geworfen, aber es ist alles nur Show, Entertainment.

Für den ernsthaften politischen Diskurs ist aus den Wahlen der USA, Frankreich und der Türkei zu lernen, dass die Präsidialdemokratie ebenso anfällig für Agitation und Manipulation ist wie die direkte Demokratie, nach der rechtspopulistische Kräfte nicht umsonst lautstark rufen. Denn die politisch Ungebildeten sind naturgemäß leichter zu beeinflussen als jede andere Wählergruppe, leichte Beute für Populisten und ihre Propaganda.

Wahr ist: In Deutschland haben Politiker Angst vor diesen ungebildeten Massen. Vor Menschen, die keinerlei Ahnung haben, warum sie eine bestimmte Partei wählen. Die berühmte Forderung nach einer hohen Wahlbeteiligung ist ein reines Lippenbekenntnis, denn alle wissen: Ist die Wahlbeteiligung gering, so ist es in der Regel auch der Nichtwähleranteil, mithin die Gruppe derer, die dazu neigen, Parteien am politischen Rand zu wählen. Man könnte mit Jason Brennan überspitzt auch sagen: »Die Trottel bleiben zu Hause.«

Das mag man ernüchternd und beschämend finden. Das Phänomen zeigt sich jedoch deutlich, wenn Bundespolitiker auf Marktplätzen auftreten. Die Wahrnehmung ist auch nicht anders, wenn Roland Kaiser kommt. Der Bürger will keine Diskussion, sondern ein Selfie und ein Autogramm. Das Parteiprogramm ist unerheblich, es hat eh keiner gelesen. Manchmal hat einer eine Bitte hin-

sichtlich einer Umgehungsstraße oder irgendwas zu Müll-
gebühren.

Niemals würden Politiker zugeben, wie unangenehm
ihnen dieses Aufeinandertreffen ist. Die Begegnung mit
dem einfachen Wähler, der dem berühmten Minister jetzt
auch mal endlich was Wichtiges sagen will, aber eigentlich nicht weiß, was genau. Niemals würden Politiker zugeben, dass sie eigentlich der Meinung sind, nur die best-
informierten 25 Prozent der Bevölkerung sollten wählen.
Nicht im Sinne des Dreiklassenwahlrechts der Preußen,
sondern als Mindestanforderung für die Abgabe einer
Wahlstimme, die auf das Leben aller Bürger gravierende
Auswirkungen hat.

Man könnte, so Jason Brennan, die Verteilung der gebildeten 25 Prozent dann anteilig auf die Gesamtbevölke-
rung hochrechnen. Also eben keine Diktatur der Eliten.
Der Professor propagiert demnach ein Modell, in dem jeder wählen darf, wenn er sich ein bestimmtes Wissen über
politische Inhalte erarbeitet hat. Dabei wäre es selbstverständlich egal, ob er von Transferleistungen lebt, unter
18 Jahre alt ist oder als Reinigungskraft arbeitet. So wie jeder am Straßenverkehr teilnehmen darf, der eine Fahrprü-
fung absolviert hat.

Wer nun meint, es handele sich bei diesen Vorschlägen
um die Hirngespinste eines durchgeknallten amerikanischen Professors, der eine Diktatur der Trottel fürchtet,
dem sei gesagt, dass – hinter vorgehaltener Hand – auch

deutsche Politiker über solche Modelle nachdenken. So spricht ein ehemaliger konservativer Ministerpräsident, selbstverständlich nur im kleinen Kreis, offen über die Frage, ob eine »gelenkte Demokratie« nicht die Antwort auf die wachsende Komplexität und die Herausforderungen der Zukunft sein könnte. Oder wie es eine offensichtlich gutbürgerliche Haßlocher Bürgerin in der bereits zitierten *Panorama*-Reportage sagte: »[Wahlen braucht es] eigentlich nicht, wenn man einen Kaiser oder einen König hätte, der entscheiden könnte. Man müsste nicht, um einen Antrag durchzubekommen, fünf Parteien fragen, damit die dann alle einig sind.« Demokratische Entscheidungsprozesse sind ihr zu kompliziert, zu langsam, zu unverständlich geworden. Angeblich reden zu viele mit, Politiker im Land, im Bund und dann auch noch die EU. Das lässt den irrsinnigen Wunsch nach einem »starken Mann« erwachsen, der die Dinge richtet.

Sie sagte dann noch, sie sehne die Zeit von Helmut Kohl zurück, da sei alles irgendwie einfacher gewesen. Man muss kein politischer Berater sein, um zu erahnen, dass der Slogan »Make Germany Great Again« bei dieser Wählerin greifen würde.

Was die Dame geäußert hat, ist ihre Meinung. Das ist ihr gutes Recht. Diese Meinung bedeutet jedoch auf den Punkt gebracht: Demokratie brauchen wir eigentlich nicht mehr. Keineswegs eine Einzelmeinung, wie die Tendenzen in der Türkei, den USA, aber auch in EU-Staaten wie Polen und Ungarn belegen. Es stellt eine akute Gefahr für unsere freiheitliche Grundordnung dar, wenn die Bürger westlicher Staaten diese nicht mehr schätzen oder gar zu verteidigen bereit sind.

Dabei macht man es sich zu einfach, wenn man die mangelnde Fähigkeit der Haßlocher Bürgerin, sich zu artikulieren, als ungebildete Äußerung abtut. Das bekommt der Demokratie aus zweierlei Hinsicht nicht gut. Erstens ist die Frau Bürgerin dieses Landes. Daher ist ihre Meinung zu hören und zu respektieren, auch wenn man sie nicht teilen mag. Und zweitens, streicht man den »König und Kaiser« einmal weg, ist die Problembeschreibung ja nicht grundsätzlich falsch.

Die wachsenden Zuständigkeiten der EU, die immer größer werdende Unmenge an Gesetzen, Vorschriften, Durchsetzungsverordnungen, die unüberschaubare Regulierungsflut bilden die Bürger sich schließlich nicht ein. Was die Dame meint, ist doch wohl, dass sie ihr Grundrecht auf demokratische Selbstbestimmung nicht so recht wiederfindet. Oder anders gesagt, dass dieser Anspruch, den wohl die meisten Bürger der EU-Nationalstaaten spüren, sich in einem immer komplexeren europäischen Staatenbund nicht so recht erfüllt. Man könnte auch einfacher sagen: Es droht eine gewisse Heimatlosigkeit.

Diesen Anspruch kann man als AfD-Grütze abtun, man könnte aber auch beginnen, darüber nachzudenken, ob eine Kompetenzbereinigung, also die Beschränkung der Befugnisse Brüssels auf das Wesentliche, zum Beispiel zentrale Vitalfunktionen einer einheitlichen Fiskalpolitik, nicht möglicherweise angebracht wären.

Es ist zu erwarten, dass die Diskussion über eine politisch derzeit wohl kaum durchsetzbare Änderung der europäischen Verträge nun durch den neuen französischen Präsidenten Emmanuel Macron angestoßen wird. Auf der einen Seite, weil es seine beste Chance ist, die sehr starke französische Rechte an eben diesem Punkt zurückzudrängen. Und darüber hinaus, weil ansonsten das wunderbare, schützenswerte Projekt Europa von den Bürgern zunehmend als Fremdkörper abgelehnt werden wird.

Was ich selbst von dem Vorschlag Jason Brennans halte, nur noch informierte Bürger wählen zu lassen, ist irrelevant. Die Diskussion solcher Modelle ist weder antidemokratisch noch unsozial. Wir müssen sie als Reaktion auf eine dramatisch veränderte politische Realität begreifen, als Zeichen einer politischen Krise. Deren Ursachen begreifen Politiker fast aller Volksparteien immer noch als Problem der wirtschaftlich Abgehängten, der Langzeitarbeitslosen und Hartz-IV-Empfänger. Doch das ist ein Missverständnis, das aus den Gewohnheiten und Reflexen des politischen Diskurses der letzten 30 Jahre geboren ist. Insofern hat Jutta Ditfurth unrecht, wenn sie die Verrohung der Gesellschaft als Folge sozialer Fehlentwicklungen der Agenda-Jahre betrachtet.[11] Denn es geht nicht (mehr) um Verteilungskämpfe, um sozialen Status

im wirtschaftlichen Sinne, es geht um Ausgrenzungs-
mechanismen einer neuen gesellschaftlichen Distinktion.
Einfacher gesagt: Die Verlierer sind heute nicht die Armen,
es sind die Dummen.

## Angst in wirren Zeiten

Angst ist der einzige gemeinsame Nenner, der die Menschheit verbindet, von schlechter Verdauung einmal abgesehen. Es ist eine Lehre der Systemtheorie, dass sich alle Menschen auf die Existenz von Ängsten einigen können. Es sind selbstverständlich nicht die gleichen Ängste, und doch ist uns allen das Gefühl zu eigen. Es ist das Prinzip, das absolut gilt, wenn alle Prinzipien relativ geworden sind, wie der Soziologe Niklas Luhmann geschrieben hat.[12] In unserer Gegenwart ist es durchaus angebracht, vor der Zukunft Angst zu haben. Die Frage ist nur: Ist das Kopftuch wirklich das Problem? Oder handelt es sich nicht eher um eine Verschiebung von diffusen Ängsten, die schwer zu fassen und noch schwieriger zu artikulieren sind? Man kann keinen Menschen davon überzeugen, dass seine Ängste unbegründet sind. Hinweise auf statistische Zuverlässigkeitswerte sind bei Menschen mit Flugangst ebenso wirkungslos wie Beteuerungen, dass Spinnen sehr nützliche Tiere sein mögen.

Es ist offensichtlich, dass eine Gruppe in unserer Gesellschaft von besonderen Ängsten geplagt ist: der Angst vor Überfremdung, vor dem Verlust einer angeblich existierenden nationalen Identität, kurzum vor dem Wandel. Eine der Thesen dieses Buches ist, dass es sich dabei nicht um die Angst vor gesellschaftlichen Herausforderungen handelt, sondern oftmals um die Verschiebung persönlicher Probleme in den Kontext der sozialen Gemeinschaft und der politischen Sphäre. Es ist in diesem Zusammenhang oft von den »Abgehängten« die Rede, wobei eine objektive Betrachtung der Statistik und eine subjektive Inaugenscheinnahme von Teilnehmern von AfD- und Pegida-Versammlungen eher gutbürgerliche Vertreter des unteren Mittelstands zeigen. Also eben gerade keinen Hartz-IV-Empfänger oder die oft zitierte arbeitslose alleinerziehende Mutter mit zwei Kindern. Wie kann das sein?

Es geht in Zeiten des Umbruchs stets um die Frage, wer kommt weiter, wer bleibt zurück. Dafür hat auch das schlichteste Gemüt ein feines Gespür. Man muss kein Verständnis dafür haben, mit welcher Obszönität, mit welcher brachialen Vulgarität sich diese Gruppen im öffentlichen Raum aufführen, wie sie andere bedrohen, nötigen, beleidigen. Aber man kann ein soziologisches Verständnis dafür aufbringen, woher diese sogenannte »Bewegung« rührt. Sie ist unmittelbar an die Konsequenzen des Umbruchs geknüpft, und den definieren wir in unserer Gesellschaft rein ökonomisch. Nicht nur im finanziellen Sinne ökonomisch, gibt es doch auch eine Ökonomie der Würde, des sozialen Status, der gesellschaftlichen Akzeptanz. Insofern ist die gegenwärtige Entwicklung des besorgten Bürgers sozialhistorisch zu betrachten. Und dieser Rückblick kann einen nur beunruhigen. Denn er rechtfertigt einen Vergleich mit der Zeit der frühen dreißiger Jahre des letzten Jahrhunderts, als mit der zweiten industriellen Revolution, angetrieben durch Elektrifizierung und Mechanisierung, eine vollkommen neue Arbeits- und Sozialwelt entstand. Auf einmal kam es zu einem Verlust des Ansehens, eines kollektiven Verlustes des Selbstwertgefühls ganzer Bevölkerungsgruppen.

Müsste ich ein Kriterium für den Erfolg einer politischen Kampagne in einem Wort benennen, es wäre Selbstwert oder Stolz. Das »Wir sind wieder wer«, das Teile der Bevölkerung – im Guten wie im Schlechten – auf charismatische Figuren des politischen Betriebs projizieren, ist der Kern allen populistischen Handelns. Das funktioniert ähnlich wie beim Zugehörigkeitsgefühl zu Fußballclubs, bei dem zu meiner nicht enden wollenden Verwunderung erwachsene Männer wie Kinder weinen können, weil ein Spiel (!) verloren wurde. Wird gewonnen, dann sind alle Sieger. Diese Identifikation mit dem »Gewinnen«, zu dessen Gelingen man selbst gar nichts beigetragen hat, simuliert den Anschluss an eine starke Gemeinschaft. Der

Gewinner selbst dient dabei nur als Projektionsfläche. Ein Effekt, der geeignet ist, die eigenen Schwächen vergessen zu machen und sich selbst darin zu täuschen.

Dieser Mechanismus findet sich strukturell bei allen populistisch auftretenden politischen Figuren. Stets geht es um die Wiederherstellung eines beschädigten Selbstwertgefühls. Oder wie Franz-Josef Wagner in der *BILD*-Zeitung schrieb: »Das ganze Ding ist der Stolz.«[13] So erklärt sich auch die fahnenschwenkende Begeisterung von Erdoğan-Anhängern in Deutschland, die offenbar weniger eine politische Richtungsentscheidung ist als ein Bekenntnis zur Heimat. Diesen Transfer politisch herzustellen war gemein und perfide, aber taktisch geschickt. Ähnlich verhält es sich mit Putin in Russland, der den vom Westen nach dem Zusammensturz der Sowjetunion wirtschaftlich belächelten Russen wieder die Idee einer starken und stolzen Nation vermitteln konnte. Ionische Säulen, vergoldete Wasserhähne und eine vollkommen überladen-schwülstige Darstellung des Wohlstands sind nur eine andere Darbietungsform des Themas »Linderung selbstempfundener Minderwertigkeit«: Uhren von Rolex als Psychopharmaka.

Für die Linderung ihrer selbstempfundenen Defizite sind diese Bürger bereit, über die Wahl der politischen Mittel, den Missbrauch der Macht, hinwegzusehen. Das lehren Geschichte und Gegenwart. Aber es sind eben keine kollektiven Effekte (»die Nazis«), sondern die Gefühle Einzelner, die in Gruppen zusammenfinden und im Teilen ihres individuellen Empfindens jene therapeutische Wirkung beziehen, wie sie jede Gruppe Anonymer Alkoholiker erfährt. Nur dass niemand bereitsteht, einen Prozess der Selbstreflexion in Gang zu setzen. Schlimmer noch, die Blasenbildung moderner Social-Media-Algorithmen sorgt heute dafür, dass die Gruppe glaubt, alle seien dieser Meinung, weil den Teilnehmern der Gruppe nur noch die Meinung ihrer einen Referenzgruppe vorgespielt wird.

Die *Süddeutsche Zeitung* hat in einem grundlegenden Rechercheartikel den Mechanismus der sogenannten Filterblasen untersucht und kommt zu dem Ergebnis, dass diese in Deutschland weniger eine Rolle spielen als im letzten US-Wahlkampf. Die einzige Ausnahme bildet die AfD, deren »Sphäre von denen aller anderen Parteien klar isoliert ist«, wie die Zeitung schreibt.[14] Die Recherche, bei der 5000 User und 1 Million »Likes« aus politischen Kommentaren ausgewertet wurden, zeigt auch, dass unter den übrigen Parteien des demokratischen Spektrums die CSU wie eine kommunizierende Röhre zwischen den AfD-Wählern und der bürgerlichen Mitte funktioniert. Anders herum arbeitet der Kanal aber auch. Das heißt, die CSU macht rechte Parolen der AfD gesellschaftsfähig.

Die Meinung der AfD und ihrer Mitglieder stößt auf Widerstand, das merken die Mitglieder selbst, sehen sich aber grundsätzlich im Recht. So ist ein Modewort in

AfD-Postings »Naivlinge«. Damit sollen jene diffamiert werden, die den Weisheiten des rechten Randes keine Zustimmung schenken. Zugleich bedeutet es: Wir wissen, worum es geht, die anderen nicht. Das soll den Zusammenhalt einer Gruppe stärken, die sich in ihrer Ausgegrenztheit als »Sehende« und »einzig Wissende« inszeniert und damit, wenngleich aus der Minderheitsposition heraus, einen Überlegenheitsanspruch geltend macht.

Es geht im Wahlkampf stets um die geschickte Aktivierung von Gefühlen des individuellen Selbstwertgefühls. Etwa so, wie sie Donald Trump zu mobilisieren verstand, als er sich im Wahlkampf 2016 ganz besonders für die Kohlekumpels einsetzte. Eine Arbeitergruppe, die ihr Selbstverständnis gleichermaßen aus der harten, körperlich entbehrungsreichen Arbeit bezieht wie aus der Heroisierung der Gefahren, die dieser Beruf, tief im Schacht, mit sich bringt. Ein Bild, mit dem sich viele »Blue Collar«-Arbeiter identifizieren können. Darüber hinaus steht die Kohle für das alte Amerika und damit für Kindheit und Jugend, die wir – wie alle Menschen – verklären. Unser Gehirn vergisst mit den Jahren zuverlässig die negativen Erlebnisse unserer vergangenen Tage und bewahrt die schönen, weshalb das vergammelte Zelt auf dem Dachboden auch nicht stinkt, sondern so wunderbar nach dem Zeltlager am Edersee von 1977 riecht.

Den gemeinsamen Nenner einer populistischen Kampagne bildet also stets die Angriffsfläche eines geschwächten Selbstwertgefühls des Einzelnen. Die Kommunikationsleistung besteht dann darin, den Eindruck zu erwecken, dass es sich dabei nicht um ein individuelles, möglicherweise selbst verschuldetes Defizit, sondern, über die Identifikation mit einer Gruppe »Gleichgesinnter«, um ein politisches Phänomen handelt.

»Schuld« haben daher immer Umstände, besser gesagt, die »unhaltbaren Zustände«, die »unfähigen Politiker«, die »Volksverräter« (»Merkel muss weg«) oder die »gierigen Manager«. Jedenfalls nicht man selbst. Das bezeugen schließlich die anderen in der Gruppe, die als Scharnier zu diesem Selbstbetrug dienen.

Wer nicht tanzen kann, schimpft auf die Kapelle, sagt das Sprichwort. Wenn aber viele auf die Kapelle schimpfen und die Presse schreibt »Auf die Kapelle wurde nach der Veranstaltung geschimpft«, dann verfestigt sich der Eindruck bei all jenen, die nicht dabei gewesen sind, also den allermeisten, die Kapelle sei tatsächlich nicht gut gewesen.

Der populistische Agitator braucht die Gruppe also zwingend, um eine Kampagne zu starten. Ohne die Gruppe ist er dazu nicht in der Lage. Wobei man das heute zeitgemäß »Bewegung« nennt. Es ist das Gleiche, klingt aber moderner. Mehr nach grassroots, von unten gewachsen, ehrlich und bürgernah. Das ist aber nur ein Marketingtrick, die Gruppe größer und vor allem moderner erscheinen zu lassen, als sie eigentlich ist.

Richtig ist: Es braucht eine Basis, die dem pluralistischen Dachschaden eine Ideologie verpasst, die also das individuelle Defizit zu einer kollektiven Weltanschauung stilisiert.

Der in seinem Wesen schlichte 45. US-Präsident gewährt unfreiwillig einen bezeichnenden Einblick in diese Mechanik, wenn er den Journalisten des *Economist* auf die Frage, welche Strategie sich denn eigentlich im Wesentlichen hinter dem als »Trumponomics« bezeichneten Wirtschaftskonzept des Präsidenten verberge, antwortet: Das sei er zwar noch nie gefragt worden, aber es stehe für den »Selbstrespekt als Nation«.[15] Im weiteren Verlauf des Interviews, das als vollständiges Transkript online zu lesen ist, drängt sich dann der Eindruck auf, dass Donald Trump gar kein Konzept, keine Inhalte benennen kann. Was er sagt, ist wirr, nicht durchdacht, oftmals widersprüchlich. Ein Konzept ist nicht zu erkennen. Ihm genügt die Pose. Schlimmer noch, seinen Anhängern genügt sie auch.

Ausgangspunkt einer effektiven populistischen Kampagne ist also ein individuell empfundener Mangel. Es beginnt mit Verdrängungsängsten, gefolgt vom Geltungsverlust, der Angst vor dem sozialen Abstieg und endet im Verteidigungsmodus einer wütenden Masse, die sich um ihre Chancen und ihren gerechten Anteil betrogen sieht.

Ein Vergleich zur Zeit der dreißiger Jahre ist in diesem Zusammenhang zulässig. Auch damals waren es keineswegs die Armen und Mittellosen, die den Nationalsozialisten zugejubelt haben. Es war der untere Mittelbau der Gesellschaft, die kleinen Kaufleute, die von den sozialdemokratisch organisierten Konsumvereinen verdrängt wurden; die Heimarbeiter in den ländlichen Gebieten, die eine rasante Rationalisierung hinweggefegt hat, und die kleinen Beamten, denen plötzlich eine Heerschar gutausgebildeter junger Akademiker den Stand streitig machte.

Heute kommt die Gefahr nur scheinbar von innen. Es sind eben gerade nicht die Migranten, die unsere Arbeitsplätze bedrohen und für Unsicherheit sorgen. Richtig ist, viele Arbeitsplätze in den Industrienationen sind bedroht. Allerdings doch wohl eher von jenen Ausländern, die zu Hause bleiben und dort zu absoluten Niedriglöhnen arbeiten. Die rasante Globalisierung in Kombination mit einer unerbittlichen Digitalisierung wird schon in naher Zukunft für einen gesellschaftlichen Umbruch sorgen, der genau jene benachteiligen wird, die dies nun lautstark zum Ausdruck bringen. Man könnte sagen, sie arbeiten sich, mangels Kenntnis der Materie, nur am falschen Objekt ab.

Ebendies ist das Problem: Es mangelt zum einen an einem Objekt, dem man wütend seine Ängste entgegenschreien könnte. Zum anderen aber an Wissen über die tatsächlichen Zusammenhänge. Wie soll man seine Not gegenüber einem Sachverhalt zum Ausdruck bringen, den zu erklären auch den meisten Fachleuten Probleme bereitet? So ist Bildung eines der zentralen Gegenmittel zu Radikalisierung und politischem Extremismus.

Es war die von mangelnder Bildung gezeichnete breite amerikanische Mittelschicht in den sogenannten »Fly Over States«, die Donald Trump ins Weiße Haus getragen hat.

Wer doof ist, findet andere Doofe gar nicht so doof. Und wer es nicht besser weiß, der hat eben keine andere Ressource, als der unzuverlässigsten aller Entscheidungsmethoden zu vertrauen: dem berüchtigten »gesunden Menschenverstand«. Der trügt allerdings gewaltig, ist weithin manipulierbar, unzuverlässig, kurz gesagt, er spottet seiner Sprichwörtlichkeit.

Also entlädt sich die von Dritten agitierte Wut an irgendeinem Menschen mit dunkler Haut, weil das Fremde, das Andersartige, das Neue nun eben einmal für diese Veränderung zu stehen scheint. Ist das eine Entschuldigung für Fremdenfeindlichkeit und Hass? Selbstverständlich nicht. Erklärt es, warum im wohlhabenden Deutschland geschätzte 5 % – 8 % bei der kommenden Bundestagswahl die AfD wählen werden? Möglicherweise. Dass der Wert im wirtschaftlich desolaten Frankreich bei 34 % liegt, könnte man durchaus als Beleg dieser These heranziehen.

Fast elf Millionen Franzosen haben in den Präsidentschaftswahlen 2017 eine rechtsextreme Partei gewählt. Das abzutun, ist keine Option. Sich mit der Tatsache zu beruhigen, es finde in einem anderen Land statt, erst recht

nicht. Es ist Teil unserer gegenwärtigen Wahrnehmungs-
störungen, dass wir die drohenden Zeichen als italieni-
sche, griechische, französische oder ungarische Zustände
wahrnehmen. Geschützt sind wir derzeit durch die au-
ßerordentliche Wirtschaftskraft Deutschlands. Sie wärmt
uns wie ein Mantel, während um uns herum der Winter
ausgebrochen ist. Wird der, zum Beispiel durch eine neu-
erliche Finanzkrise, weggezogen, werden wir um den Er-
halt der Demokratie ebenso bangen müssen wie heute die
Italiener, die Franzosen oder die Ungarn.

Aus diesem Grund ist es dringend geboten, sich mit den
Ängsten des kleineren Teils der Bevölkerung auseinanderzusetzen. Es ist eine wichtige Lehre der Geschichte, dass
die Angst einer wütenden, lauten und aggressiven Minderheit leicht zur Tyrannei der schweigenden Mehrheit
werden kann.

Nicht zuletzt Terroristen und Einzeltäter beweisen
das bei Anschlägen mit präzisem Kalkül. Statistisch gesehen ist es höchst unwahrscheinlich, dass jemand, der
dieses Buch liest, Opfer eines terroristischen Anschlages
wird, dem mathematischen Grunde nach so gut wie aus-
geschlossen. Und dennoch stimmen wir zu, dass Bürger-
rechte eingeschränkt, am Flughafen aus unseren Taschen
Zahnpastatuben entfernt und rechte Hardliner ins Parlament gewählt werden.

Hinsichtlich des Zusammenhalts der Gesellschaft ist
die zweite Hälfte des 20. Jahrhunderts ein großer Erfolg

gewesen. Die soziale Marktwirtschaft, die Errichtung der Sozial- und Gesundheitssysteme hat ganze Arbeit geleistet. Das Versprechen des Staates: Niemand wird fallen gelassen. Wer zu schwach ist, erhält Hilfe, wer arbeitsunfähig ist, fällt nicht ins Bodenlose, wer krank ist, bekommt die medizinische Leistung, die er braucht. Vor allem aber war Bildung, der Zugang zu Schulen und die herausragende Errungenschaft des dualen Ausbildungssystems ein wesentliches Element der sozialen Durchlässigkeit einer Gesellschaft, die verstanden hat, dass Wohlstand für alle zunächst eine Frage der Bildung und in der Folge ein Garant für Zusammenhalt ist.

All das existiert und wurde über die Jahre zu einem ausgereiften System perfektioniert. Woher also kommen die gegenwärtigen Angstreflexe in unserem Land? Objektiv gesehen geht es uns gut. Sicher, es ist unerträglich, dass in Deutschland Kinder in Armut leben. Die verschlechterte Durchlässigkeit des schulischen Angebotes, die Kinder unterer Einkommensschichten systematisch benachteiligt, ist ein Thema. Auch das Gefühl, dass sich die Schere zwischen Arm und Reich immer weiter auftut. Man fragt sich, ob Schulen in einem Land wie der Bundesrepublik mitunter dermaßen desolat aussehen müssen, ob ein paar Polizisten mehr nicht die Kriminalitätsrate eindämmen würden und man unseren Alten nicht einen etwas würdevolleren Lebensabend organisieren könnte. Das alles ist wirklich diskussionswürdig. Doch über alledem darf nicht vergessen werden: Deutschland ist ein wohlhabendes, saturiertes Land, dessen Bürgern es im internationalen Vergleich wirklich gut geht. Was also verursacht die Wut derer, die sich abgehängt fühlen?

Neben dem Stolz und der Würde vieler ist Ausgrenzung durch eine immer schärfere Definition sozialer Schichten allgegenwärtig. Distinktion ist die zentrale Vokabel eines von Luxusgütern getriebenen Aufmerksamkeits-Kapitalismus. Damit einher geht eine massive Bedrohung der unteren Einkommensschichten durch eine immer stärker effizienzoptimierte Welt, die die Starken und Tüchtigen bevorteilt und die Schwachen benachteiligt.

Überhaupt ist Rationalisierung das Mantra unserer Gegenwart. Es handelte sich ursprünglich um die kleine Schwester der Gewinnmaximierung. Doch die Begrifflichkeit hat den rein ökonomischen Kontext längst verlassen. Heute wird alles optimiert, insbesondere das eigene Image, wie der Zwang zur permanenten Selbstvermarktung bei Facebook und Instagram belegt. Wer nicht mitmacht, wird ausgegrenzt, ist nicht dabei.

Der Soziologe Heinz Bude nennt es das »neue Prekariat«, wobei »prekär eine soziale Existenz ist, bei der standardisierte Erwartungen auf die nicht standardisierte Wirklichkeit treffen«.[16] Anders gesagt: Wenn du anders bist, dann ist das gut, solange es unterhaltsam ist. Ist es das nicht, dann ist das Andersartige unerwünscht. Wir nehmen Abweichungen von Andersartigkeit nur scheinbar flexibler hin als früher. In Wirklichkeit ist der Konformitätsdruck massiv gestiegen. Soziale Medien geben vor, was cool ist, was man anzuziehen hat und wer »dazugehört«.

Aber auch hinsichtlich dessen, was wir für psychisch gestört halten, ist der Druck gewachsen. Das, was »nicht normal« ist, wird seit Jahren enger gefasst, ist auf einmal behandlungswürdig. So wurden in den letzten Jahren Burn-out-Syndrome bei Erwachsenen zur Volkskrankheit. Unseren Kindern geben wir fünfzigmal so viel Ritalin wie vor zwanzig Jahren.

Stets geht es um mehr Effizienz. Allgegenwärtige Rationalisierung bis zu jener lächerlichen Selbstoptimierung, die Menschen ihre Schritte zählen und ihren Ruhepuls über eine App der Krankenkasse melden lässt.

Dabei muss man einmal die Frage stellen, ob die ewige Forderung nach einer immer rationaleren Welt zum Besten der Menschen ist. Ich meine, in ineffizienten Systemen geht für viele ein wenig, in effizienten Systemen ziemlich viel für wenige.

Ein Beispiel: In der Heimat meines Vaters, den Tiroler Alpen, hatte man als Landwirt ein erträgliches Auskommen, wenn man im Sommerhalbjahr das Feld bestellte und in der restlichen Zeit »Bahninger« war. Ein Bahninger ist ein typisch ineffizienter österreichischer Beruf. Dabei hatte man die Aufgabe bei der ÖBB, den Österreichischen Staatsbahnen, an einem beschrankten Bahnübergang in einem Häuschen zu sitzen und die Schranke gelegentlich zu öffnen und zu schließen. Eine verantwortungsvolle Tätigkeit für die Sicherheit, und eine amtliche Mütze gab es auch. Insgesamt bot die Beschäftigung Würde und Pensionsanspruch. Natürlich war die ÖBB jahrzehntelang eine ineffiziente Organisation. Irgendwann kamen die Beratertypen mit den Charts, den englischen Ausdrücken, den Rationalisierungs- und Privatisierungsmaßnahmen. Die ÖBB ist heute modern, der Bahnübergang computergesteuert, und der Bahninger existiert nicht mehr. Seine Würde allerdings auch nicht, denn er bezieht jetzt staatliche Unterstützung. Das ist per saldo kein Unterschied, außer im Selbstwertgefühl des Menschen, der seine kleine Aufgabe verloren hat.

Ja, dieses Beispiel hat seine Schwächen. Und dennoch stellt sich die Frage, wohin uns die Abschaffung von ganzen Berufsfeldern führen wird. Nicht in erster Linie für qualifizierte, aber ganz sicherlich für unqualifizierte und ungelernte Kräfte. Mit der Globalisierung wanderten bereits Millionen solcher Arbeitsplätze nach China, Bangladesch, Indien und andere Niedriglohnländer ab. Das war aber erst der Anfang. Die nächste Welle, die Digitalisierung, insbesondere deren Teilsegment, die sogenannte Industrialisierung 4.0, bedeutet vor allem, dass wenige Unternehmer gigantische Gewinne auf Kosten der Gemeinschaft erwirtschaften können. Die Erwerbstätigkeit, wie wir sie bisher kennen, wird es in Zukunft in dieser Form nicht mehr geben. Der beruhigende Satz derer, die

Roboter herstellen: »Aber natürlich brauchen wir noch Menschen, nämlich jene, die unsere Roboter warten«, ist natürlich eine Lobby-Phrase, die eine innovations- und zukunftsgläubige Politikergeneration gern aufgreift. Ihr fortgeschrittenes Alter bringt jedoch eine gewisse Gleichgültigkeit (»betrifft mich ja nicht mehr«) mit sich. Dazu kommt eine komplette Ahnungslosigkeit von den technischen Konsequenzen der digitalen Revolution.

Die Wahrheit ist, dass »die Fabrik der Zukunft zwei Angestellte haben wird: einen Mann und einen Hund. Der Mann wird da sein, um den Hund zu füttern. Der Hund wird dafür sorgen, dass der Mann die Maschinen nicht anfasst«. Das Bonmot des US-Ökonomen Warren Bennis hat einen ernsten Hintergrund. So arbeiten zum Beispiel in den USA derzeit rund 3,4 Millionen Menschen als Kassierer in Supermärkten, weitere 2,4 Millionen Mitarbeiter füllen die Regale auf.[17] Amazon betreibt in Seattle bereits heute einen Testladen, in dem die Regale von Robotern aufgefüllt werden und die Kunden ihre Ware selbst scannen. Hunde dürfen übrigens in den Laden gar nicht erst hinein.

Wenn Sie meinen, das alles sei doch wohl mehr eine weitentfernte Vision, so irren Sie. Im US-Einzelhandel sinken die Beschäftigungszahlen massiv, Shoppingmalls stehen reihenweise als leere Gespensterstädte in den Vororten herum, dennoch steigt der Konsum in den Vereinigten Staaten weiter an. Das Geschäft findet online statt, bei Amazon und Co. Bisher sichere Jobs, insbesondere für schlecht Ausgebildete und Ungelernte, gehen verloren. Die Zukunft einer ganzen Branche ist mehr als ungewiss.

# Arbeit ohne Geld – oder umgekehrt

Der große Umsturz, die bevorstehende Transformation, ist nur aus zwei Gründen möglich: Sie ist lautlos und klingt zugleich so aberwitzig, dass die Menschen ihren Vorboten keinen Glauben schenken. Wäre den Bürgern bewusst, was die digitale Revolution wirklich für sie bedeutet, würde sich das rasante Wachstum multinationaler Großkonzerne verlangsamen oder gar nicht stattfinden. Es gäbe Demonstrationen, Proteste, Widerstand, Forderung nach Regulierung und Gesetzen. Nichts davon geschieht. Das hat nicht zuletzt mit der spielerischen Anwendbarkeit, der Bequemlichkeit und den attraktiven Angeboten zu tun. Hyperrasant wachsende Start-ups, sogenannte Unicorns (Einhörner), stellen ganze Branchen auf den Kopf und scheren sich einen Dreck um Vorschriften und Gesetze. In einem Land, in dem jede kleine Dönerbude den Besuch des Gesundheitsamtes fürchten muss, widmet Airbnb einfach Wohnraum um, pfeift Uber auf Lizenzen zur Personenbeförderung (Taxischein) und führen E-Commerce-Unternehmen mehrere Milliarden an Mehrwertsteuer im grenzüberschreitenden EU-Versandhandel gar nicht erst ab. Das sollte sich mal ein kleiner Handwerker auf der Schwäbischen Alb erlauben.

Es handelt sich um Konzerne, die hauptsächlich jungen Männern von Ende zwanzig bis Mitte dreißig gehören. Sie verstehen sich und ihre Kreaturen als Tech-Unternehmen und sind nicht bereit anzuerkennen, dass das, was sie da tun, eine gewaltige gesellschaftspolitische Dimension hat. Damit sind wir bei einem Kernproblem der digitalen Revolution, die sich auf unheilvolle Weise mit der bereits seit zwanzig Jahren laufenden Globalisierung vermengt. Denn weder liegt den Angeboten von Google, Facebook, Apple oder Amazon ein politischer, ein demokratischer Willensbildungs- oder Mitbestimmungsprozess zugrunde, noch schert es die Konzernlenker, wer unter ihnen Bundeskanzler ist. Von den nationalen Gesetzen ganz zu schweigen. Der übliche Einwand der Tech-Jünger, diese »Ängste« (der dummen Bevölkerung) seien schließlich schon bei der Einführung der Straßenbahn zu beobachten gewesen, ist mehr als ein Scheinargument. Es ist eine Pose rotzfrecher Überheblichkeit. Denn die Innovation Straßenbahn hat ihren Erfinder nicht in die Lage versetzt, unmittelbaren Einfluss auf das Denken und Handeln von mehreren Milliarden Menschen weltweit zu nehmen. Diese stille Machtübernahme ist der Beginn einer technokratischen Diktatur. Sie wird mit einem perfiden semantischen Trick kaschiert, der Verwechslung von Freiheit mit Freizügigkeit. Flankiert wird dies durch die Behauptung einer vorgeblichen Bereicherung der Menschheit mit Hilfe der technologischen Errungenschaften. Dauernd stehen junge Start-up-Menschen auf Podien, wo sie vor glänzenden Multimediapräsentationen den Anspruch formulieren, die Menschheit zu retten, mindestens jedoch die Welt zu einem besseren Ort zu machen. Das ist ebenso albern wie die bunten Büros, die Tischkicker und die Massagestühle, ohne die kein modernes Digital-Büro auszukommen scheint. Wer andauernd betonen muss, dass er der Gute ist (Google: »Don't be evil«), dem ist nicht zu trauen. Das lernt jedes Kind von der Schlange Kaa.

Der digitale Humanismus ist ein Oxymoron, er existiert nicht. Es handelt sich vielmehr um Raubtierkapitalismus in Reinkultur. Das »www« als Akronym eines wirtschaftlich wilden Westens. Einzelne Großkonzerne verfügen über finanzielle Ressourcen, die Staatshaushalte westlicher Industrienationen bei Weitem übersteigen. Ausgegeben werden diese Mittel für Forschung und Entwicklung. Für Technologien, die unser aller Leben in einer Art und Weise verändern, beeinflussen, ja beeinträchtigen werden, die wir uns nicht im Entferntesten vorstellen können. Wir werden die Tage zurücksehnen, an denen wir Herr über unsere Heizungsthermostate, Autoschlüssel und Kühlschränke waren. Diese Entwicklung verläuft keineswegs linear, sodass ausreichend Zeit wäre, darüber zu befinden, wenn sich die aus dieser Entwicklung resultierenden Probleme stellen. Sie verläuft exponentiell. Anders gesagt, der politische Willensbildungs- und langatmige normative Gesetzgebungsprozess läuft dieser Entwicklung so dramatisch hinterher, dass einzelne Unternehmen, ja, einzelne handelnde Akteure in der Lage sind, das Machtgefüge allein zu ihren Gunsten zu verändern, und zwar grenzüberschreitend und weltweit.

Dieser technokratischen Diktatur haben unsere Politiker mangels technologischem Verständnis, aber auch aufgrund ihrer von Aktualität getriebenen Kurzsichtigkeit, keine Strategie, keine Vision, kein Konzept entgegenzusetzen. So ergeht man sich in schmunzelnden Abwehrreflexen. Jene, die auf diese Entwicklung hinweisen, werden als schwarzmalende Kassandras diskreditiert, die dargebotenen Szenarien in die Welt der phantastischen Dystopien verwiesen. Allein, von Science-Fiction kann keine Rede sein, das Zeug ist schon im Markt.

Zugleich ist das, was derzeit von einer immer dynamischeren Innovationsindustrie entwickelt wird, irreversibel. Werden technologische Lösungen geschaffen, die sich selbst weiterentwickeln können, wird an Intelligenz gearbeitet, die sich selbst erhält, werden Systeme gebaut, die wir am Ende gar nicht mehr beeinflussen können. In zwanzig bis dreißig Jahren werden sie die Leistungsfähigkeit von durchschnittlichen Menschen nicht nur in den Schatten stellen, sondern uns als minderwertige Kreaturen, als »Systeme« unzuverlässiger oder mangelhafter »Bauweise« erscheinen lassen.

Mir ist klar, dass Sie das für aberwitzig halten. Ist es aber nicht. Nick Bostrom, Direktor des »Future of Humanity«-Instituts in Boston, beschreibt in seinem Buch *Superintelligenz* die reale Bedrohung der Menschheit durch Maschinen. Google und IBM, die diese Entwicklung maßgeblich vorantreiben, sind »wie Kinder, die mit Dynamit spielen«,[18] so der Forscher. Der Mann ist nicht irgendwer, sondern einer der profiliertesten Experten zu diesem Thema. Schon 2045, so auch der Leiter der technischen Entwicklung bei Google,[19] wird es eine Maschine geben, die der Intuition, Kreativität und den kognitiven Fähigkeiten des Menschen ebenbürtig ist. Was danach kommt, ist eine Explosion von Intelligenz, da sich die Maschine permanent selbstständig weiterentwickeln wird. Man nennt diesen Abschnitt der Evolution »Technologische Singularität«. Vorhergesagt hat sie bereits 1993 der Mathematiker Vernor Vinge.[20] Am Ende könnte das die Auslöschung der Menschheit bedeuten, sagen auch Forscher wie der britische Astrophysiker Lord Rees of Ludlow.[21] Und selbst Stephen Hawking wird nicht müde, in seinen Vorträgen auf diese Gefahr hinzuweisen. Gegen diese dynamische Entwicklung ist die Erfindung der Atombombe ein Silvesterböller.

Wir müssen uns jetzt um den ordnungspolitischen Rahmen kümmern und nicht erst in zehn Jahren, wenn private Unternehmen Fakten geschaffen haben, die irreversibel und ausschließlich zu ihrem eigenen ökonomischen Vorteil sind. Man könnte sagen, wir haben da einen gewissen »Aufholbedarf«, debattiert in Deutschland der zuständige Minister Alexander Dobrindt doch derweil darüber, ob wir noch ein paar Meter Glasfaserkabel verlegen sollen.

Die Zukunft ist nicht so weit weg, wie Sie meinen, genau genommen sind wir schon mittendrin. Es fällt Ihnen nur nicht so auf. Nehmen wir an, Sie sitzen in einem Flugzeug, vor Ihnen ist ein Unwetter, es beginnt heftig zu rumpeln. Wen möchten Sie nun fliegen lassen, den Kapitän oder den Autopiloten, von dem Sie wissen, dass drei redundante Systeme schon heute jede erdenkliche Situation bewältigen werden? Sie werden sich für den Autopiloten entscheiden, weil er die sichere Alternative darstellt. Landen können Flugzeuge selbstverständlich auch heute schon ohne jede Hilfe, weshalb man die streikenden Piloten der Lufthansa auch als technisch versierte Berufsgruppe bezeichnen kann, die in ihrem Wissen um den Fortschritt ihre Privilegien sichert, bevor in fünfzehn Jahren kein einziger Pilot mehr in einem Flugzeug sitzen wird.

Vor diesem Hintergrund muss die Frage gestattet sein, ob die Mindestlohndebatte der SPD den Nerv der Zeit trifft. Bevor Sie hyperventilieren: Natürlich ist es richtig, heute darüber zu sprechen, welchen Lohn ein Mensch mindestens für eine Stunde Arbeit erhalten soll. Es fragt sich allerdings, ob es in naher Zukunft überhaupt noch die passenden Berufe dafür gibt.

In den Cafés und Bistros von Berlin-Mitte und am Prenzlauer Berg bekommt man eine Ahnung von der neuen Arbeitswelt, die keine Arbeiter mehr braucht: Bärtige junge Männer, Mitte zwanzig mit Hosenträgern und komischen Schuhen, die neben einem »Latte« auf Sonnenliegen in ihre MacBooks hämmern. Die nennen das Beruf. Dahinter verbirgt sich ein alter Menschheitstraum, eine typische Forderung der Linken. Möge Arbeit das sein, worin man selbst vorkommt und nicht wofür man Geld bekommt. Man könnte es im Achtziger-Jahre-Deutsch auch »Selbstverwirklichung« nennen. Doch geht man an all diesen Kids vorbei, fragt man sich unweigerlich: Wer bezahlt, was produzieren, wovon leben die alle? Was wir beobachten, sind die Vorboten des Wandels unserer Arbeitswelt, des Verständnisses, wie wir Geld verdienen, unsere Leistung anbieten und vergütet bekommen.

Die Digitalisierung wird unsere Gesellschaft zunächst negativ verändern. Darauf müssen wir politisch vorbereitet sein, denn es wird die Tür zu Extremismus, Faschismus und rückwärts gewandten Konzepten öffnen, vorgetragen von reaktionären Kräften, die den Menschen versprechen, alles werde so wie früher, wenn man sie nur wählt.

Der Umbruch wird Millionen Arbeitsplätze in ganz Europa kosten. Unsere Gesellschaft muss sich daher bereits jetzt mit vollkommen neuen Konzepten für Arbeit und Entlohnung beschäftigen. Denn es ist davon auszugehen, dass größere Teile der Bevölkerung gar nicht mehr arbeiten, dass sie schlicht nicht mehr gebraucht werden. Mag sein, dass die Menschen etwas tun, aber vielleicht bekommen sie dafür kein Geld. Oder sie bekommen Geld, müssen aber gar nichts dafür tun. Ein Konzept, das wir unter dem Begriff »bedingungsloses Grundeinkommen« diskutieren. Um es gleich vorwegzunehmen: Zumindest an der Debatte über diesen Ansatz führt gar kein Weg vorbei. In Deutschland leben bereits heute rund acht Millionen Bürger, also zehn Prozent der Bevölkerung, von staatlichen Transferleistungen.[22] In anderen Ländern wie Italien, Spanien, Griechenland, sind es bis zu 50 Prozent. Mit den gravierenden Umwälzungen der Arbeitswelt wird sich diese Zahl vervielfachen. Wie wollen wir den irgendwann fünfzig Prozent Arbeitenden erklären, dass die anderen fünfzig Prozent ohne Arbeit Geld bekommen?

In der Schweiz, wo ich lebe, beträgt die Grundsicherung bereits rund 3000 Euro pro Monat, eine ungelernte Kraft bei Lidl Schweiz räumt die Regale für knapp 4000 Euro Mindestlohn ein. Es wird eine neue Gerechtigkeitsdebatte geben. In der Schweiz hat die basisdemokratische Abstimmung in der Bevölkerung zum Bedingungslosen Grundeinkommen ein überraschend gutes Wahlergebnis gebracht. Die Diskussion um dieses Konzept beginnt gerade erst, die dazugehörige Steuerdebatte läuft jedoch bereits auf vollen Touren.

Allein Apple hat Cash-Reserven von 250 Milliarden Dollar, zum größten Teil außerhalb der USA und steuerschonend erwirtschaftet. Statt die immer gleichen Geschichten von der »schwäbischen Hausfrau« zu schwätzen (schwarzes Lager) oder von der »hart arbeitenden Krankenschwester« (rotes Lager), wäre die Frage wichtiger, wer die gesellschaftlichen Folgen der Digitalisierung, die auf dem Rücken der Gemeinschaft stattfindet, in der Zukunft eigentlich bezahlt? Dazu fehlt nicht nur Gewerkschaften und linker Politik das Verständnis für die Zukunft, auch in der Bevölkerung fehlt die Einsicht, dass es sich hierbei tatsächlich um eine ernsthafte Bedrohung handelt. Es ist ein Merkmal unserer Zeit, dass die Politik Dinge erst dann anpackt, wenn etwas passiert. Genau genommen erst dann, wenn Medien darüber berichten. Das ist auf Gemeindeebene nicht anders als in der Bundespolitik.

Nehmen wir an, Sie sind schon dreimal auf dem Rathaus gewesen, weil vor der örtlichen Schule die Autos immer so rasen. Passiert ist nichts. Erst wenn ein Schüler angefahren wird, tritt der Bürgermeister in Erscheinung, mit den öffentlichen Worten: »Das hätte nicht passieren dürfen«, »tief betroffen«, »umgehende, konsequente Maßnahmen«, usw.

Wissenschaftler warnen seit Jahren eindringlich vor den Veränderungen, die Roboter und die Industrialisierung 4.0 mit sich bringen werden. Eine Studie der Universität Oxford ging schon 2013 davon aus, dass in den kommenden zwanzig Jahren rund 50 Prozent aller Jobs in den USA durch die Digitalisierung verschwinden werden.[23] In Worten: die Hälfte. Dabei wurden 700 Berufsbilder in den Vereinigten Staaten untersucht. Sicher, nicht alle finden in Deutschland eine Entsprechung. Und dennoch, der Trend ist nicht zu leugnen.

Wir denken bei Digitalisierung zunächst an Roboter und dann an Science-Fiction-Filme, und das ist dann alles so surreal, dass man es lieber verdrängt. Außerdem mag sich mancher denken, dass er schließlich nicht in einer Fabrik arbeitet. Das allerdings ist ein Trugschluss, denn insbesondere die Dienstleistungssektoren sind in naher Zukunft von den Umwälzungen der digitalen Revolution betroffen.

Wenn der Chef der Gewerkschaft Deutscher Lokführer, Claus Weselsky, wieder einmal die Nation mit einem Streik in Atem hält, dann mag sich mancher darüber ärgern, doch in der Realität handelt es sich um das Rückzugsgefecht einer Berufsgruppe, die wir zukünftig schlicht nicht mehr brauchen. Schienengebundene Fahrzeuge können problemlos autonom fahren. Jeder, der schon einmal einen großen Flughafen besucht hat, kennt das. Es wird bestenfalls eine »sozialverträgliche« Übergangsphase geben, überwachende Funktionen. Eine Neuauflage des sprichwörtlichen »Heizers auf der E-Lok«.

Gleiches gilt für Textilarbeiter, Finanzanalysten, Künstler, Vermögensverwalter, Fotografen, Reiseverkehrskaufleute, Nachhilfelehrer, Headhunter, Laboranten, Soldaten, Verkäufer, Buchhändler, Partnervermittler und Hunderte weitere Berufe, wie das MIT genüsslich aufzählt.[24]

Selbstverständlich sind auch Taxifahrer, Bierkutscher und Kurierfahrer betroffen. Das selbstfahrende Auto wird die selbstbewusste deutsche Autoindustrie massiv umstürzen oder gar vernichten. Die Kernkompetenz des Autobauers hiesiger Herkunft ist der Motor. Das große Problem: In den neuen Elektrofahrzeugen gibt es gar keinen Motor mehr, dafür aber große Batterien. Die stellen nur leider andere Nationen her, vom dafür massenhaft benötigten Rohstoff Lithium ganz zu schweigen.

Eine Wohltat die Vorstellung, der Straßenlärm gehörte der Vergangenheit an. Auch wenn man sich insgeheim fragt, ob Männer wirklich bereit sein werden, auf das »Brumm-Brumm« zu verzichten, und ob der Fetisch des Individualverkehrs sich nicht doch noch als Erfüllung eines Menschheitstraumes erweist, den abzuschaffen noch einige Generationen brauchen könnte. Auf der anderen Seite zeigen insbesondere junge Leute ein geradezu erschreckend geringes Interesse daran, ein eigenes Auto zu erwerben. Als Distinktionsmerkmal beginnt das Fahrzeug auszudienen, es steht für Umweltverschmutzung und Klimawandel. Mobilitätsangebote sehen heute nun einmal anders aus. Dazu braucht man sich nur auf die

Straße zu stellen und zu staunen, wie viele Car-Sharing-Fahrzeuge aller möglichen Anbieter in Großstädten an einem vorbeibrausen.

Bei manchem Wagen funktioniert das mit dem Selberfahren schon ganz gut, in zehn Jahren ist das nicht nur ausgereift, sondern flächendeckend erprobt und eingeführt. Das bedeutet auch, dass in geschätzten weiteren 15 bis 20 Jahren gar keine herkömmlichen Fahrzeuge mehr unterwegs sein werden. Jedenfalls nicht in Ballungsräumen. Der Grund dafür dürfte sein, dass nur autonom fahrende Fahrzeuge – fahrerunabhängig – so untereinander kommunizieren werden, dass es dabei nicht zu Karambolagen kommt. Ein einziger Trottel, der da selbstfahrend aus der Reihe tanzt, stört das ganze schöne System. »Viel zu unsicher«, wird man sagen, wie überhaupt vorgebliche Sicherheit das große Argument im Zusammenhang mit der Einführung all dieser Neuerungen sein wird.

Als die Automobile aufkamen, verschwanden die Pferdefuhrwerke. Nicht, weil jeder von der neuen Technik überzeugt gewesen wäre oder sie sich gar hätte leisten können. Aber die Pferde wurden von dem Krach und dem Gestank scheu, und so war ein Miteinander in den Städten nicht mehr möglich. Mit den selbstfahrenden Autos wird es ähnlich sein, allerdings dürfte es sich eher um Kita-Eltern im Prenzlauer Berg handeln, die lautstark fordern werden, dass die »unsicheren« Selbstautolenker nicht mehr durch die Spielstraße kurven dürfen.

Selbst wenn die Einführung des autonomen Fahrens in Deutschland noch dauern wird, andere Megacitys werden diese Technologien rasch einführen. Es gibt zur Explosion des Individualverkehrs in Peking, Shanghai, Tokio, Mexico City und anderen Städten gar keine Alternative. Selbstfahrende Autos brauchen weniger Sicherheitsabstand, die Auslastung der Straßen ist (abhängig von der Geschwindigkeit) mehr als doppelt so hoch und der Verkehrsinfarkt insofern erst einmal ebenso abgewendet wie die Luftverschmutzung und der Smog.

Doch auch in unseren Breiten werden wir eine dramatische Auswirkung dieser Entwicklung auf den Niedriglohnsektor erleben. Millionen Menschen ohne qualifizierte Ausbildung verdienen in Europa mit Fahrdiensten ihren Unterhalt. Die Deutsche Post AG hat dieser Tage einen e-Lieferwagen vorgestellt, Amazon arbeitet an Lieferdrohnen, und selbst die Schweizer Bahn testet ab diesem Sommer einen selbstfahrenden Nahverkehrsbus namens OLLI.

Noch deutlicher wird der Umbruch in Branchen sichtbar, in denen das Produkt nicht nur digital bestellt, sondern auch virtuell geliefert wird. Zum Beispiel das Geld von Banken. Wer braucht denn noch eine Bankfiliale? Neulich streikte meine EC-Karte, also rein in die Filiale. Dabei fiel mir erst auf, dass ich dort seit Jahren nicht mehr gewesen war. Eine Kinderspielecke, eine »Finanzierungsberatung« und ein Achtziger-Jahre-Tresen, an dem eine junge Angestellte ihre Nägel feilte. Außer zwei Rentnerinnen war da niemand. Wozu auch? Alles, was die Filiale kann, kann mein Computer auch. Über einen Kreditantrag entscheidet auch dann ein Automat, wenn Sie ganz besonders lieb zur Person am Schalter waren. Die füllt nämlich nur noch das Formular aus. Alles andere erledigt ein elektronisches Scoring, also ein Abgleich Ihrer Bonitätsdaten bei der Schufa oder mit den internen Daten der Bank. Da können Sie reden, solange Sie wollen, die Entscheidung trifft die Maschine.

Nehmen wir einmal die Sparkassen mit ihrem öffentlich-rechtlichen Auftrag aus, dann dürfte es in zehn Jahren vielleicht noch 10 Prozent der heutigen Filialdichte geben. Und auch die Sparkassen werden weniger, durch weitere Fusionen und Zusammenschlüsse, die nicht zuletzt den miserablen Geschäftszahlen geschuldet sind. Denn wo Nullzinsen herrschen, da kann man eben nur schwer etwas verdienen.

Die Liste des Wandels von Branchen und deren Berufsbildern kann man beliebig fortsetzen. Ob ich das persönlich wünschenswert finde, ist irrelevant. Er kommt, damit müssen wir uns auseinandersetzen. Die geringe Chance, dass sich das sogenannte Solow-Modell bewahrheitet, ist eine Perspektive, von der uns hauptsächlich die Hoffnung leitet. Der US-amerikanische Nobelpreisträger Robert Solow hat die Theorie aufgestellt, dass der technische Fortschritt stets eine Produktivitätssteigerung und damit schlussendlich neue Arbeitsplätze geschaffen hat. Ein Naturgesetz ist das aber nicht.

Deshalb müssen wir doch gerade jetzt fragen: Wo sind eigentlich die politischen Ideen für diesen Wandel? Mag ja sein, dass das alles noch dauert, bis es in Würselen ankommt, aber Politik trägt auch eine vorausschauende, eine planende Verantwortung. Davon ist gegenwärtig nichts zu erkennen. Stattdessen setzt die SPD auf alte Schlager wie die Verbesserung der Sozialleistungen.

Dabei zeigt sich, dass es das Wesen der digitalen Revolution ist, bestehende Strukturen zu verstärken, wie das Sonnenlicht unter einer Lupe. Wir stellen fest, dass die Besserverdienenden mehr und die schlechter Verdienenden weniger Lohn beziehen. Darauf hat das Deutsche Institut für Wirtschaftsforschung (DIW) schon 2016 hingewiesen. Verkürzt gesagt: Im Zeitraum 2000–2014 haben die oberen 60 Prozent ein Plus von 7,5 Prozent in der Tasche und die unteren 40 Prozent reale 4,5 Prozent weniger.[25]

Wenn sich dieser Trend fortsetzt, dann geht mit der sogenannten vierten Industriellen Revolution eine Spaltung der Gesellschaft einher, bei der die Teilung der Mittelschicht in »oben« und »unten« Existenzangst und Konfrontation mit sich bringen wird. Die Frage ist doch: Wenn uns dieses Szenario schon kurzfristig beschäftigen wird, wie sieht es dann eigentlich aus, wenn die Finanzdienstleister, Automobilindustrie, Speditionen und andere Branchen Hunderttausende entlassen werden?

Damit wären wir wieder beim Selbstwertgefühl der Menschen, bei ihrem Bedürfnis nach Sicherheit und der Frage, wo die subjektiven Ängste in Teilen der Gesellschaft eigentlich herrühren?

Wir nehmen also an, dass sich kurzfristig die Art und Weise, wie wir leben, verändern wird. Die Menschen brauchen, ja lieben geregelte Abläufe. Wie wird unsere Gesellschaft funktionieren, mal ganz praktisch gefragt, wenn beide Elternteile andauernd zu Hause sind? Wenn »Nine-to-Five« ausgedient hat und der Wagen nicht samstags, sondern mitten in der Woche gewaschen wird? Das Regelmäßige, das Gleichförmige, es bedeutet uns Sicherheit und Halt. Mangelnde Struktur in den Abläufen, das Unregelmäßige, löst Ängste aus, weshalb viele Menschen gern »Frühbucher« sind und schon im Herbst den nächsten Sommerurlaub klarmachen. Und so wird nicht jeder die Kraft aufbringen, nicht den ganzen Tag im Bademantel am PC zu verschlurfen, sich selbst eine Ordnung, eine Struktur, einen Ablauf zu geben. Es gibt eine Haltlosigkeit, die Panik auslösen kann, Arbeitslose können ein Lied davon singen.

Damit komme ich noch einmal zurück zum Bedingungslosen Grundeinkommen, von dessen Einführung ich – in der ein oder anderen Form – überzeugt bin. Nicht aus ideologischer Überzeugung, sondern aus Gründen der ökonomischen Notwendigkeit.

Die große Errungenschaft der Sozialsysteme basiert

darauf, dass alle mitmachen, dass jeder einzahlt. Die »Klickarbeiter«, Uber-Fahrer, Airbnb-Vermieter, kurzum das Shared-Economy-Proletariat zahlt aber weder Steuern noch in die Sozial- und Rentenkassen ein. Uns steht eine Art digitaler Wanderarbeiter bevor, nur wandert er nicht, sondern surft. Für die Sozialsysteme bedeutet dies, dass wir neue Regeln brauchen, also eine Grundleistung, die alle entrichten. Und das wird nur mit einer Grundleistung funktionieren, die auch alle erhalten. Ansonsten würden wir – jedenfalls Teile der arbeitenden Bevölkerung – auf das Niveau des Proletariats des 19. Jahrhunderts zurückgeworfen in ein neues soziales Desaster.

Es steht keineswegs im Widerspruch, dass auch die großen Player, die Silicon Valley-Unternehmen, die Profiteure der Digitalisierung, für diese Idee trommeln. Denn dieser ganze Datenhandel, die neuen Werbetechniken, diese ganz große Marketingmaschine des »Big Data« ergibt nur Sinn, wenn es auch Leute gibt, die Produkte kaufen und damit als Zielgruppen dieser neuen Werbeformen zur Verfügung stehen. Kaufkraft und Verhinderung sozialer Unruhen, eine Liaison aus Kapital und Sozialismus, werden den Fortbestand unserer Konsumgesellschaft vermutlich am Ende gewährleisten.

All diese Entwicklungen der nächsten zehn bis fünfzehn Jahre stellen eine bedeutende Herausforderung für unsere demokratische Grundordnung, die Freiheit im eigentlichen Sinne dar. Es handelt sich zugleich aber auch um eine Chance für die demokratische Linke und das linksliberale Spektrum, deren gegenwärtig versagende Stimme uns – im Hinblick auf die Konzepte der Zukunft – eine Warnung sein sollte.

## Irrlichtern ohne Agenda

Der vorliegende Text ist ein Essay, ein Meinungspapier, eine Positionsbestimmung. Ich möchte keinen Hehl aus meiner politischen Tendenz machen, die, wie bei einer wachsenden Zahl von Mitbürgern, nicht mehr ganz eindeutig zu einem politischen Lager passt, in »links« und »rechts« einzuordnen ist. Müsste ich ein Kreuzchen machen, was mir, obwohl in Köln geboren, aufgrund meiner österreichischen Staatsbürgerschaft in Deutschland nicht möglich ist, so fiele die Wahl vermutlich auf die SPD.

Es war jedenfalls kein Zufall, dass ich mich im Bundestagswahlkampf 2013 für den damaligen Kanzlerkandidaten Peer Steinbrück engagiert habe. Das hatte in erster Linie mit dem Kandidaten zu tun sowie mit meiner Auffassung, dass man als denkender Mensch links das Herz und in der Mitte den Kopf haben sollte. Vor allem fußte meine aktive Beteiligung als Berater der Kampagne jedoch auf meiner Überzeugung, dass die gewaltigen Umwälzungen, die uns durch die digitale Revolution bevorstehen, nur unzureichend vom politischen Berlin thematisiert werden. Daran hat sich auch vier Jahre später wenig geändert.

Ich kann und möchte an dieser Stelle keine Aussage darüber treffen, ob der gegenwärtige Kanzlerkandidat der SPD, Martin Schulz, im Herbst 2017 die Bundestagswahl gewinnen oder verlieren wird. Ich kann nur sagen, dass mir am Osterwochenende ein Freund, ehemaliger Spitzenpolitiker und bundesweit bekannte Persönlichkeit von Bündnis 90/Die Grünen, beim Opferlamm in aller Offenheit sagte: »Diesmal wähle ich die Merkel.«

Was ist da eigentlich los? Ein Urgestein der Grünen, ein Mann, der in den siebziger Jahren unter dem Pflaster den Strand gesucht hat, der Generationen mit seiner politischen Überzeugung belehrt und bekehrt hat, erklärt mir, er wählte diesmal die CDU. Das ist nicht irre, das ist die Ruhe vor dem Sturm. Viele Wähler mögen sich sagen, statt sich auf das Interregnum eines Mannes einzulassen, der keine erkennbare Botschaft verbreitet und keinen Willen zum Wechsel entfacht, soll doch lieber alles so bleiben wie es ist, also vermeintlich stabil.

Deshalb kann es sich die Kanzlerin leisten, einen minimalistischen Wahlkampf zu führen, dessen maximale Bürgernähe darin besteht, dass die »Nachbarin Merkel« wieder einmal beim Einkaufen im »HIT«-Supermarkt in Berlin abgelichtet wird. Das Bild zeigt stets das gleiche Motiv. Die Kanzlerin an der Kasse, über die Schulter des Kassierers hinweg fotografiert, der sinnigerweise den

Slogan des Marktes auf dem Rücken seiner Berufsbekleidung trägt: »echte Vielfalt«. Der Auftritt ist ein kleiner semantischer Trick, er zeigt Normalität und verspricht damit Stabilität.

Doch ist die Lage keineswegs stabil. Die Einschläge politischer Umbrüche kommen bedrohlich näher, es brodelt um uns herum: Ungarn, Polen, Österreich, Italien, von Russland, der Türkei und den USA ganz zu schweigen. Frankreich ist mit seinen fast elf Millionen rechtsgerichteten Wählern auch dann kein Trost, wenn mit Emmanuel Macron zunächst – mit einigem Glück – ein Mann der gemäßigten Mitte in das Amt des französischen Staatspräsidenten gewählt wurde.

Trotz dieses beängstigenden Ausblicks über die Ländergrenzen hinaus, behaupte ich: Die Konservativen in Deutschland sind nicht sonderlich stark, die äußerste Rechte (noch) nicht. Es ist vielmehr das linke und linksliberale Spektrum, das derzeit so unerträglich schwach ist. Der Wahlkampf von Martin Schulz ist ein Missverständnis, eine Maxi-CD aus den neunziger Jahren. Das Problem daran: Erstens hört keiner mehr CDs, alle haben das digitale Spotify. Und zweitens war der Song zwar mal ein Hit, aber das ist fünfzehn Jahre her, und irgendwie hat die Sozialdemokratie da etwas nicht mitbekommen. Denn wir erleben derzeit keine soziale Gerechtigkeitskrise, sondern blicken vielmehr einer grundlegenden politischen Krise entgegen.

Ein Themenwechsel, den die SPD schlicht ignoriert und stattdessen die Konzepte vergangener Wahlkämpfe aus dem Keller holt. Das ist keine Metapher, sondern mein voller Ernst. Zu Beginn des Wahlkampfs steigt ein betagter Mitarbeiter des Willy-Brandt-Hauses ins Archiv der Partei und holt einen Ordner mit jenem Kampa-Konzept hervor, das »den Gerd« ins Kanzleramt gebracht hat. Der Ordner ist nicht schlecht, ganz gewiss nicht. Die Kampagne war gut gemacht. Nur die Themen unserer Tage haben sich verändert und mit ihnen die Wähler und ihre Forderungen.

Dabei hätte man die Zeichen der Zeit schon vor vier Jahren erkennen können, als die FDP aus dem Bundestag gewählt wurde. Die Partei ist nicht an ein paar Scherzen der *heute-show* und Dekolleté-Sprüchen ihres Fraktionsvorsitzenden gescheitert. Da liegen die Dinge tiefer. Es war der Anfang vom Ende eines neo-liberalen Zeitalters. Vier Jahre später ist offenbar, wohin diese Reise geht: der Brexit, die Wahl Donald Trumps, eine sehr starke österreichische Rechte, die Ablehnung der Renzi-Reformen in Italien, der (trotz allem) enorme Erfolg von Marine Le Pen in Frankreich, die Betonköpfe in Polen. Und so weiter.

Wer nun anmerken wird, dass es sich dabei um ganz unterschiedliche Glaubenssätze rechter Ideologien handelt, der hat recht. Aber einen gemeinsamen Nenner haben diese Bewegungen doch: die massive Ablehnung der Globalisierung, des Neoliberalismus, wie ihn die politischen

Eliten – auch des sozialdemokratischen Spektrums – in den vergangenen Jahren betrieben haben.

Wenn Martin Schulz nun meint, eine Abkehr von der Agenda 2010 sei zehn Jahre später als politisches Konzept hierauf die passende Antwort, so hat er das Thema verfehlt. Das ist politischer Sommerschlussverkauf. Das Kleid passt noch, aber es ist nicht mehr in Mode. Denn die Bürger haben längst verstanden, dass die Agenda-Politik von Gerhard Schröder ein überwältigender Erfolg war, auch wenn es damals schmerzte. Erdacht hat dieses Konzept übrigens nicht Schröder, sondern weitgehend der heutige Bundespräsident Frank-Walter Steinmeier. Welche Haltung man auch immer zur Agenda 2010 haben mag, es handelt sich um das letzte bedeutende politische Reformkonzept, den letzten großen politischen Wurf der Bundesrepublik. Eine wahrhaft herausragende Leistung. So markant, dass man unlängst CDU-Präsidiumsmitglied Jens Spahn in einem TV-Interview vernehmen konnte, in dem er dem noch nicht inaugurierten französischen Präsidenten Macron die Umsetzung der Agenda 2010 als Reformprojekt in Frankreich anempfahl.[26] Ungeachtet etwaiger diplomatischer Petitessen darf man sich das schon auf der Zunge zergehen lassen: Ein Mitglied des CDU-Präsidiums empfiehlt dem neuen französischen Präsidenten ein SPD-Konzept. À la bonne heure.

Doch die Agenda-Politik ist Schnee von gestern, selbst für die Stammklientel der SPD. Zumal diese gar nicht mehr über jene Arbeiterbasis verfügt, die eine politische Regression einer solchen Gerechtigkeitsdebatte stützen würde, nicht einmal in der vielbeschworenen Herzkammer der Sozialdemokraten, in Nordrhein-Westfalen.

Am Versuch, Großgruppen unserer Gesellschaft, also »Arbeiter«, »Angestellte«, »Besserverdiener« bestimmten Parteien zuzuordnen, arbeiten sich Heerscharen politischer Berater, Statistiker, Marktforscher ab, die den Versuch unternehmen, die kettenartig miteinander verknüpften Faktoren, die solchen Zuordnungen zugrunde liegen, zu vermessen. Wie viele Arbeiter gibt es eigentlich, besser gefragt: Wer ist eigentlich ein Arbeiter? Dabei kommt es weniger darauf an, was das Statistische Bundesamt sagt, als darauf, ob sich die Angesprochenen überhaupt selbst als Arbeiter einordnen. In unserer Dienstleistungsgesellschaft keine einfach zu beantwortende Frage. Deshalb werden in einer Allgemeinen Bevölkerungsumfrage der Sozialwissenschaften (ALLBUS) alle zwei Jahre Tausende Bürger repräsentativ befragt, in welche soziale Schicht sie sich eigentlich selbst einordnen.

Thorsten Faas, Professor für empirische Politikforschung, hat das unlängst in einem Artikel als Strom aus mehreren Faktoren beschrieben.[27] Er fragt, wie groß die Gruppe statistisch ist, wie groß sie auf Basis der Angaben aus der Befragung erscheint, und nicht zuletzt, ob politische Parteien diese Gruppe überhaupt noch aktiv ansprechen. Zu deutsch: Der Ruhrpott-Kumpel hat in der politischen Kommunikation weitgehend ausgedient, er wird von den deutschen Parteien nicht mehr aktiviert, weshalb auch das Selbstverständnis in dieser Gruppe, überhaupt eine Gruppe zu sein, allenthalben sinkt. Die Zahl schwankt allerdings. 1990 haben sich weniger Menschen in NRW als »Arbeiter« eingestuft als 2004, doch seitdem geht es bergab.[28] Die Gretchenfrage ist natürlich: Macht die SPD den verbliebenen Arbeitern überhaupt ein Angebot, das diese stetig kleiner werdende Gruppe als attraktiv empfindet? Hält sie der Partei die Treue, oder ist die Loyalität flüchtig und wendet sich anderen Politikkonzepten zu?

Die Beantwortung hängt im Wesentlichen davon ab, ob die Großgruppe das Gefühl hat, ihre Sorgen, Nöte und Bedürfnisse würden insbesondere von dieser Partei gehört und vertreten. Damit sind wir zurück beim Thema, wen denn eigentlich das Gemisch aus Finanzmarktschulden, offenen Grenzen (Freihandel), Sparpolitik und Globalisierung am meisten getroffen hat. Diese Frage beantwortet die Linke im Bundestag derzeit eindeutiger als die SPD. Dabei stellt man erstaunt fest, dass sich uns das politische Spektrum nicht als links und rechts darstellt, was sich ursprünglich aus der Sitzordnung der Parlamente ableitete, sondern, dass es sich um einen geschlossenen Kreis handelt. Anders gesagt: Die äußerste parlamentarische Rechte und die äußerste Linke berühren einander durchaus an bestimmten Stellen. Wer in den letzten Wochen der Oppositionsführerin der Linkspartei im Deutschen

Bundestag, Sahra Wagenknecht, zugehört hat, kann an dieser Theorie keinen ernsthaften Zweifel hegen. Insbesondere betrifft die Übereinstimmung der Positionen die Globalisierungspolitik, den alles beherrschenden Finanzmarktkapitalismus und die prekäre Arbeitsplatzsituation von Menschen im untersten Niedriglohnsektor, deren Erwerbstätigkeit vom Staat bezuschusst werden muss.

Die Ränder des parlamentarischen Spektrums profitieren insofern von einem Wahlverhalten, das sich gegen eine objektive Strukturkrise wendet, die von der Beinahe-Kernschmelze an den Finanzmärkten 2007/2008 über die massiven Konsequenzen des Klimawandels – auch für die weltweite Migration – bis zum Abbau sozialer Netze reicht, wie sie gerade eben in den USA vollzogen werden soll.

Neu ist daran, dass die Menschen nicht auf die Straße gehen, weil sie Sozialreformen bekämpfen oder anprangern – wie zu Beginn der nuller Jahre gegen die Agenda-Politik des Kabinetts Schröder II. Stattdessen gehen sie auf die Straße, weil sie gleich das ganze politische System infrage stellen und das Mediensystem gleich mit dazu. Transparency International hat schon 2013 darauf hingewiesen, dass über die Hälfte aller Deutschen die Medien für korrupt hält (54 %). Das wird nur übertroffen von einem dramatischen Misstrauen gegenüber den Parteien mit 64 %.[29]

Eben dies ist gemeint, wenn von einem Themenwandel

die Rede ist. Aufgrund der besonders erfreulichen wirtschaftlichen Situation ist diese Gegenwehr in Deutschland wenig ausgeprägt, auch wenn die Rechte, allen voran die rechtspopulistische AfD und die Pegida-Bewegung, zu insinuieren suchen, es handele sich dabei um eine Mehrheitsmeinung. Im wirtschaftlich gebeutelten Frankreich, im Italien der Fünf-Sterne-Bewegung, in den trumpisierten USA und dem aufgebrachten Griechenland sieht das ganz anders aus. Dass in Athen die linke Syriza an der Macht ist, ist kein Widerspruch, geht es doch nicht um »links oder rechts«, sondern um die erfolgreiche Besetzung des Themas »Abschaffung des progressiven Neo-Liberalismus«, von dem man annehmen kann, dass er durch Emmanuel Macron in Frankeich nun überhaupt erst Einzug hält. Dabei handelt es sich um eine Mischung aus wirtschaftsliberalen Ideen, die sich mit den progressiven Elementen der Gegenwart vereinen, also den Gay Communities, den digitalen Start-ups, der Kulturindustrie und dem kommerziellen Wissenschaftssektor.

Genau das will der reaktionäre Populismus abschaffen. Es geht dieser Bewegung eben nicht nur um den ökonomischen Aspekt des Neo-Liberalismus, sondern auch um die Verdammung seines progressiven Anteils. Die Westerwelle-FDP hatte seit 2009 genau dies versucht: die alten Ideen von »Der Markt bereinigt sich selbst«, Freihandel, Steuersenkung in ein Mäntelchen des Coolen, von Weltoffenheit, mit homosexuellem Parteichef, Nähe zu jungen

Unternehmern, kulturellen Bezügen zu hüllen. Doch dieses Konzept wurde abgewählt.

Das war ein erster Vorbote der ideologischen Abwehr des scheinbar progressiven Elements dieser Strömung, die in den USA mit der Wahl Donald Trumps sehr viel deutlicher zurückgewiesen wurde, als das in Deutschland sichtbar wird. Ein Umstand, der nicht zuletzt mit der schlechteren wirtschaftlichen Situation in den USA zusammenhängt. Entsprechende politische Ausschläge fallen dort akzentuierter aus. Es ist eine Zurückweisung von Gleichberechtigung, Weltoffenheit, Multikulti, Inklusion und Bürgerrechten.

Die amerikanische Politologin Nancy Fraser weist in einem aktuellen Aufsatz zu Recht darauf hin, dass es dabei auch um die Zurückweisung der Emanzipationsbewegung und der Frauenrechte der letzten 30 Jahre geht.[30] Um es klar zu sagen: Die USA waren bereit für einen schwarzen Präsidenten, aber nicht für eine Frau im höchsten Amt des Landes.

Zumindest in Deutschland stehen die reaktionären Kräfte (noch) nicht auf der Straße und halten Schilder gegen die Frauenbewegung, gegen Schwule und Lesben hoch, aber sie stimmen auch gern für »echte Männer«. Es ist kein Zufall, dass die politische Rolle rückwärts ihre Verdichtung in überprononcierter Männlichkeit findet, die, wie Wladimir Putin in Russland, das Multikulti Europas als »kastriert und unfruchtbar«[31] in den Kontext der Zeugungsfähigkeit stellt und die »russische Männlichkeit« zugleich zu einer politischen Kraft erklärt, mit allen bekannten Nachteilen für die Lebenssituation von Schwulen und Lesben. In der Türkei ist die Inszenierung männlicher Stärke des Recep Tayyip Erdoğan gleichzusetzen mit dem Wunsch nach Erstarkung eines Neo-Osmanischen Reiches imperialer Größe. Bei Donald Trump ging es im US-Wahlkampf ganz unverhohlen auch um die Größe seines Penis.

Insofern ist es ein kurioses Experiment, wenn mit Alice Weidel in Deutschland eine Frau zur Spitzenkandidatin der reaktionären AfD gewählt wird, die in einer lesbischen Beziehung in der Schweiz lebt und die Kinder ihrer Partnerin erzieht. Die Bigotterie zeigte sich unmittelbar nach der Wahl auf dem AfD-Parteitag im April 2017 in Köln, wo die Spitzenkandidatin mit reichlich Pathos forderte: »Die politische Korrektheit gehört auf den Müllhaufen der Geschichte.«

Wo der progressive Liberalismus abgewählt wird, werden aus konservativen Liberalen regressive Rechte.

*Es ist nicht wichtig, wer du bist,*
*sondern was sie denken, wer du bist.*
Andy Warhol

# Die Sprache der Politik

Die politische Diskussion funktioniert über Chiffren und Einzelbeispiele. Deswegen taucht immer wieder die Krankenschwester, der Dachdecker oder die schwäbische Hausfrau auf. Man traut dem Wähler nicht zu, dass er komplexe Sachverhalte versteht, und leider ist das mehrheitlich zutreffend. Deshalb gilt: Je einfacher die Botschaft, desto erfolgreicher. Das war immer schon so, hat sich aber durch die sozialen Medien deutlich beschleunigt. In einer Welt, in der ein Smiley eine Gefühlsäußerung ersetzt, ist die Darlegung eines komplexen Sachverhaltes wie des Europäischen Stabilitätsmechanismus chancenlos. Dazu kommt, dass die Menschen nur durch Einzelbeispiele zu bewegen sind oder gar empathisch reagieren.

300 ertrunkene Flüchtlinge im Mittelmeer lassen die Bürger weitgehend kalt. Ein toter Flüchtlingsjunge am Strand, der kleine Kinderschuhe mit Klettverschlüssen trägt, wie auch wir sie unseren Kindern kaufen, wird mit einer Welle des Mitgefühls bedacht. Das kann man belie-

big durchdeklinieren: Zum Beispiel 3 000 Verkehrstote gegenüber dem Schicksal einer einzelnen Familie auf der Autobahn. Große Mengen sind abstrakt, also verlegt man sich auf das einzelne Beispiel, das einzelne Schicksal. Jeder TV-Beitrag der *Tagesthemen* ist so aufgebaut. Geht es um Griechenland, erscheint Kosta aus Korfu, dessen individuelles Schicksal in seiner Bäckerei das abstrakte Thema Schuldenpolitik aufarbeitet. Am Ende des Films steht Kosta vor seinem Laden und guckt traurig.

Seit Monaten wird in den Vereinigten Staaten über die Gesundheitsreform des 44. US-Präsidenten gestritten, Obamacare. Heerscharen von Journalisten und Kommentatoren aller politischen Lager arbeiten sich daran ab. Aber es brauchte die emotionale Geschichte von US-Late-Night-Talker Jimmy Kimmel, dessen neugeborener Sohn mit einem Herzfehler auf die Welt kam, damit die Bürger emotional begreifen, welche lebensbedrohliche Dramatik es haben kann, wenn zwanzig Millionen Amerikaner faktisch ihre Krankenversicherung verlieren. Kimmel hat geschafft, was die abstrakten Berechnungen nicht vermochten: Er hat die Menschen erreicht, indem er das Leid seiner Familie zum Gegenstand eines 18-minütigen »Stand-ups« seiner Show gemacht hat.[32]

Im politischen Geschäft nennt man das einen »Game Changer«. Ein Ereignis, das geeignet ist, einen großen Meinungstanker anzuhalten oder gar zu drehen. Denn das Wesen des »Game Changers« ist nicht nur, dass er die

Menschen emotional berührt, er verschließt zugleich die Tür für den politischen Gegner in gleicher Sache, denn wer will schon etwas gegen ein todkrankes Kind sagen.

Der weitreichendste Changer in der deutschen Politik der letzten Jahre war das Reaktorunglück von Fukushima, Japan. Mit sicherem politischem Instinkt hat die Bundeskanzlerin die Chance erkannt und das Momentum genutzt, die Energiewende einzuleiten.

Nun sind nicht alle Themen in einem persönlichen Kontext aufzulösen, das meiste einfach zu theoretisch, zu komplex. Steuern, Gesundheitsreform, Wehretat und internationale Beziehungen sind trockene Materie, es fehlt das emotionale Bild, der eingängige Satz. Die politische Kommunikation braucht aber diesen Zugang zu den Menschen, um Mehrheiten zu erzielen. Das geschieht zum Beispiel unter Einsatz der kleinen Schwester des »Game Changers«, des sogenannten »Spin«, eines kurzen Satzes, der eine Idee auf den Punkt bringen oder gar eine Situation in ihr Gegenteil verkehren soll. Kleine Polit-Snacks, weil die Bürger weder Zeit noch Interesse verspüren, eine ganze Informationsmahlzeit zu sich zu nehmen. »Wir sind nicht Burka« ist so ein Spin. Übrigens kein besonders guter. Er ist erkennbar als Spin erdacht worden. Zu konzeptionell, zu dröge. Irgendwie passt er zu seinem Erschaffer. »Kinder statt Inder« war da schon flotter, aber dafür inhaltlich unterirdisch.

Alle Politiker leben von Aufmerksamkeit. Je mehr Aufmerksamkeit sie bekommen, je bekannter sie werden, desto höher ist die Chance, gewählt zu werden. Niemand wählt einen Unbekannten. Selbst negative Schlagzeilen zahlen noch auf das Konto der öffentlichen Wahrnehmung ein. Donald Trump hat es mit seinem Wahlkampf vorgemacht. Spins sind in diesem Zusammenhang eine Art Treibstoff. Sie sollen das »Agenda Setting« in Gang bringen, also das Setzen von Themen in der Öffentlichkeit. Das Gegenteil ist das »Agenda Cutting«, die Kunst, ein Thema aus der Welt zu schaffen.

Der Grünen-Politiker Volker Beck ist ein Meister dieser Technik. Von seiner Verhaftung wegen des Besitzes von 0,6 Gramm Crystal Meth im März 2016 spricht ein Jahr später niemand mehr. Sechs Wochen abtauchen, krankgeschrieben, keine Interviews, keine Statements, nichts, was ein Medium zitieren könnte; und vor allem: keine Aktivitäten auf Facebook. »Never explain, never complain«, sagen die Amerikaner. Bloß keine Rechtfertigungen und keine Erklärungen. Mitte April ist er dann zurück, geht in den Bundestag, erscheint auf dem Parteitag der Grünen in NRW, erhält ein paar Ämter zurück, füllt ab Mai 2016 den Kalender wieder mit Terminen und wird bei seiner Rückkehr ins Parlament vom Präsidenten des Deutschen Bundestages mit den Worten »Welcome Beck« begrüßt.[33] Ein Meisterstück politischer Kommunikation, insbesondere für einen, der die Moral-Amplitude bis zum Anschlag aufzudrehen versteht.

Die gegenteilige Fähigkeit ist das erfolgreiche Setzen von Themen, das Anstoßen einer Debatte. Es ist so etwas wie die Kernkompetenz für den Job als Politiker. Dabei trägt man sein Thema mit einer knackigen Formulierung in die Medien, um es dann für sich zu besetzen. Das ist wie bei den Eichhörnchen. Rauf auf den Baum, Nuss gegriffen und stolz allen hergezeigt. Ist die Nuss besonders schön, berichten alle darüber. Nun muss sie aber politische Erträge bringen. Also runter zum Nest. Auf dem Weg dorthin versuchen die Gegner, die Nuss abzujagen und in das eigene Astloch zu verfrachten. In der darauffolgenden Woche beginnt das Ganze von neuem und immer so fort.

Es geht also zunächst um die erfolgreiche Besetzung eines Themas und die Abarbeitung der nachfolgenden Debatte, die möglichst auf das Konto desjenigen einzahlen soll, der sie aufgebracht hat. Wenn der Spin stark genug ist, fällt sogar ein wenig Glanz auf das eigene politische Lager, greifen die Parteifreunde den Dreh auf. Der SPD-Politiker Karl Lauterbach ist zum Beispiel so ein Spin-Künstler, wenn er komplexe Gesundheitsthemen an den Mann bringen oder eine Debatte anstoßen will.

Mancher »Spin-Doctor«, wie man die Kommunikationsberater von Politikern nennt, wünschte aber sicherlich, er hätte das eingängige Bild nie erfunden. Spätestens dann, wenn sich die Metapher gegen einen richtet. Der sogenannte »Schulz-Zug« war so ein Bild, weil er erst in Fahrt kam und dann »entgleiste«, »auf dem Abstellgleis steht«, »angehalten wurde« oder gleich ins Nirgendwo fährt.

Die Wähler haben sich an diese Verkürzungen gewöhnt. Sie wissen, der Politiker sagt das überspitzt, aber er meint es nicht so. Doch das Leben der politischen Chiffrierung hat ein neues Zeitalter erreicht. Wendepunkt war wieder einmal eine Mauer, nämlich jene, die der Wahlkämpfer Donald Trump an der Grenze zu Mexiko bauen will. Viele Amerikaner haben das als Chiffre verstanden und begreifen erst heute, der meint das ernst. Eine 1:1-Botschaft, frei von jeder Symbolik, Deutung oder Interpretation. Ein politisches Statement wie ein Emoticon, kurz und auf den Punkt, ohne doppelten Boden. Das ist neu und erstaunlich erfolgreich. Denn hinter der schlichten Kommunikation des Donald Trump steckt ein interessantes Missverständnis der Wähler. Es lautet: »Verstehe ich ihn, den Politiker, so versteht er auch mich.« Das scheitert natürlich schon an der Tatsache, dass der Politiker den Bürger gar nicht hört. Das ist aber unerheblich, denn es geht nicht um die Botschaft, sondern ausschließlich um die Glaubwürdigkeit des Senders. Und dieser wird als wahrhaftig angenommen, wenn die Botschaft eingängig und verständlich ist. Die Wahrheit steht dabei nur im Weg herum.

Man muss sich ja einmal fragen, wie es sein kann, dass ein Milliardär, der in einem Hochhaus wohnt, das seinen Namen trägt und dessen vergoldete Toilettenschüsseln durch die Presse bunt bebildert der Welt gezeigt werden, beim durchschnittlichen US-Bürger als »einer von uns« durchgehen kann. Auf die Frage, was er an Donald Trump schätze, sagte ein junger Amerikaner in der ZDF-Talkshow *Maybrit Illner*: »Der sitzt ganz normal in seinem Privatjet und isst da wie wir seinen Hamburger.« Das ist absurd.

Die Lösung dieses Paradoxons liegt in der Sprache. Im Falle von Donald Trump ist sie schlicht, wenig facettenreich und von beschränktem Wortschatz. Das führt bei seinen Zuhörern dazu, dass sie glauben, er sei einer von ihnen. Trump ist nicht dumm, aber er ist ungebildet. Und das hat er in weiten Bereichen mit der Zielgruppe seiner Wähler gemeinsam. Man muss sogar feststellen, sie schätzen diesen Mangel an Bildung an ihm, während die sogenannten »Eliten« die Wut der Massen auf sich ziehen.

Bei aller Kritik muss man anerkennen, dass es wohl kaum einen Menschen gibt, der Twitter besser verstanden hat. Auch das hängt mit Sprache zusammen. Trump schreibt nicht, er addiert Worte zu einem Gebilde, die keine Sätze sind, aber dennoch verstanden werden. Es sind gesprochene Bilder, verkürzt, auf den Punkt, eingängig. Der wichtigste Aspekt daran ist jedoch, dass ihm politische Gegner und die Medien damit täglich auf den Leim gehen. Sie transportieren diese Bilder, übernehmen seine Diktion, regen sich über Frechheiten auf. Damit wiederholen sie das Gesagte, wiederholen die »Fake News« und zementieren sie damit. Mein erster Chefredakteur pflegte zu sagen: »Wir schreiben nie *nicht* in die Headline, das verstehen die Leute nicht.« Sagt man über jemanden: Das ist kein Idiot, bleibt beim Publikum stets der Idiot hängen.

Vorgeblich verurteilen die Medien all die Diffamierungen natürlich, doch in Wirklichkeit bringt es Quote, die schockierenden, verletzenden und gemeinen Aussagen zu wiederholen. Verurteilen und Verbreiten ist das Motto. Trump ist ein Fernsehmann, er weiß, der interessante Charakter in einer TV Daily Soap ist doch stets der gemeine, der hinterhältige Typ. Bei *GZSZ* tritt der seit 25 Jahren auf. So wird Jeb Bush auf ewig »Low Energy Jeb« bleiben und Ted Cruz »Lyin' Ted«.

Auch ist Trumps Körpersprache spannend und erregt Aufmerksamkeit. Sie ist grotesk, gestikulierend, wild und dadurch unterhaltsam. Man sieht hin, wenn Trump Wasser aus einer Flasche verspritzt, um sich über die Transpiration eines Wettbewerbers lustig zu machen, oder einen Journalisten nachäfft.

Vor allem aber hatte Trump seinen Gegnern im Wahlkampf eines ganz besonders voraus: Er ist ein Meister des politischen »Framings«. Der Begriff stammt aus der Kognitionsforschung. Es geht darum, wie Sprache auf unser Denken Einfluss nimmt und in der Folge unmittelbar unsere Handlungen steuert. Wer versteht, wie Framing funktioniert, ändert seine Haltung zur Frage der »politischen Korrektheit«.

Gehen wir hierzu nochmals zurück zum Kernproblem politischer Kommunikation, der Vermittlung trockener, komplexer oder problematischer Sachverhalte. Am Ende geht es ausschließlich darum, dass Wähler ihre Zustimmung geben. Ein Frame ist nichts anderes als ein Deutungskonzept in Ihrem Denkapparat. Und den kann man mit Sprache sehr leicht beeinflussen. So leicht, dass Sie danach handeln werden, allerdings ohne es zu bemerken. Das ist in gewisser Weise von manipulativer Effizienz. Offen gestanden bin ich mir nicht sicher, ob Donald Trump sich dieser Fähigkeit bewusst ist, oder ob er sie eher zufällig anwendet.

Jedenfalls hat er auf kaum eine der vielen verbalen Attacken gegen ihn so empfindlich reagiert wie auf die Zuschreibung kleiner Hände, was bei Männern gemeinhin mit einem kleinen Penis gleichgesetzt wird. Alles, was Trump von sich gibt, ist immer groß. Seine Gebäude, seine Unternehmen, seine Macht. Alles ist »bigly«, »great«, »phantastic«. Das Wort »groß« ist ein Frame. Wir assoziieren es durchweg mit Erfolg. Wir sprechen von einer »großen Sache« oder einem »großartigen Gefühl«. Das Wort triggert in unserem Gehirn Schaltkreise, die durchweg positiv besetzt sind. So nehmen wir das Gehörte positiv wahr und ordnen den Menschen, der es sagt, vorteilhaft ein.

Jedes Wort, das wir sprechen, wird beim Empfänger automatisch mit einem Frame verbunden. Nehmen wir das Wort »Skalpell«. Sie verbinden es sofort mit einem Deutungsraster, das ist der Frame. Politiker nutzen also bestimmte Worte in ihrer Kommunikation oder vermeiden sie. Das Motiv, bestimmte Worte einzusetzen, liegt einzig darin begründet, in Ihrem Kopf Zusammenhänge herzustellen, die gar nicht expressis verbis ausgesprochen werden.

George Lakoff, ein amerikanischer Linguistikprofessor, hat diesen Zusammenhang erforscht und dazu den Begriff der politischen Metapher geprägt.[34] Vermutlich werden Sie das Wort Skalpell gerade mit einem gewissen Grausen wahrgenommen haben. Der Frame, der sich Ihnen aufgetan hat, war wahrscheinlich Krankenhaus, Ärzte, weiße Kittel, Krankheit, Tod, Verlust. Beim Lesen von Texten passiert es nicht selten, zumal wenn man schon eine Weile gelesen hat, dass sich das Gehirn an so einem Wort »aufhängt«. Sie lesen zwar weiter, aber die Gedanken verselbstständigen sich gleichsam, bis Sie wieder zum eigentlichen Text zurückfinden. Dann sind aber schon ein paar Seiten verflogen, die Ihrer Aufmerksamkeit entgangen sind.

Beim Framing funktioniert das ähnlich, nur hält der Effekt länger an. Nehmen wir die gern verwendete Talkshow-Methode des »vergifteten Kompliments«. Unvergessen die CSU-Klausurtagung in Kreuth im Januar 2016, während derer Angela Merkel »dem Horst« nach seinem »Schwächeanfall« alles Gute wünschte. Der bayerische

Ministerpräsident musste sich während einer Rede zur Flüchtlingsdebatte kurz hinsetzen. Der Spaß an der Sache: Die Bürger verstehen das als Adresse eines wohlwollenden Umgangs miteinander, in Wirklichkeit ist es eine wunderbar platzierte Frechheit, weil die Kanzlerin weiß, dass – im Sinne des Framings – vor allem der Begriff »Schwäche« aus ihrem Satz haften bleiben wird. Seehofer weiß das selbstverständlich auch, konnte die Situation aber nicht besser retten, als schlicht im Sitzen weiterzureden. Im Tennis würde man sagen »Spiel und Satz, Merkel«.

Die Methode des Framings ist ein zentraler Baustein in der unbemerkten Beeinflussung von Wählern. Das perfide daran ist, dass oberflächlich genau das Gegenteil von dem gesagt wird, was hintergründig und langfristig bei den Bürgern haften bleiben soll.

Nehmen wir an, ich sage über einen Politiker: »Herr Meiers Verstand ist so scharf wie ein Skalpell.« Dann wird Ihr Unterbewusstsein Herrn Meier nicht sonderlich mögen, auch wenn ich ihn gerade ausdrücklich gelobt habe. Denn Ihr Gehirn verarbeitet Herrn Meier gerade zu einem Mann mit einem Messer in der Hand, jemanden, der andere schneidet, verletzt.

Anders herum geht es aber auch, wenn ich sage: »Herrn Meiers Reden sind wie wärmende Hände eines Heilers.« Beide Frames beziehen sich auf einen medizinischen Kontext. Den einen werden sie negativ, den anderen positiv wahrnehmen.

Man nennt das konzeptuelle Metapher-Theorie. Sie basiert darauf, dass wir abstrakte Zusammenhänge nur begreifen, wenn wir sie auf einer Matrize eigener Erfahrungen abbilden. Im Wesentlichen hängt es damit zusammen, mit welchen Codes, mit welchen Erfahrungen und Werten wir aufgewachsen sind, was wir erlebt haben. Vereinfacht gesagt: Für einen erfolgreichen Schönheitschirurgen, der sich eine Klinik mit vielen Mitarbeitern aufgebaut hat, bedeutet das Wort Skalpell ganz etwas anderes, nämlich Champagner, Wohlstand und ein schnelles Auto.

Wie sehr wir die Dinge vor dem Hintergrund unserer eigenen Erfahrungen und Glaubenssätze bewerten, hat der Schriftsteller David Foster Wallace in seiner legendären Ansprache vor dem Abschlussjahrgang 2005 des Kenyon College in einer kleinen Anekdote wunderbar dargelegt.[35] Ein Gläubiger und ein agnostischer Atheist sprechen in einer Kneipe Alaskas über die Existenz von Gott. Der Ungläubige sagt, er sei neulich in einem bitterkalten Sturm in der Wildnis verloren gewesen und sei dann tatsächlich auf die Knie gefallen und habe Gott um Hilfe angerufen. Seine Rettung, so der Gläubige, müsse doch nun Beleg genug sein, dass Gott existiere. Ach was, sagt der Ungläubige, am Ende haben mir drei Eskimos geholfen, die zufällig vorbeikamen. Realität ist eben stets, was wir vor dem Hintergrund unserer Erfahrungen als solche begreifen.

Der Nutzen des Framings in der politischen Kommunikation liegt darin, dass das simultane Erfahren von Dingen, also auch das Sprechen, zu einer metaphorischen Vernetzung führt, die sich als »Sprachbilder« in unserem Denken niederschlägt und damit unmittelbaren Einfluss auf unsere Handlungen und unser Verhalten nimmt. Kurz: Wir werden manipuliert.

Diese Metaphern wirken sich in ganz erheblichem Maße auf den politischen Willensbildungsprozess aus. Richtig eingesetzt führen sie dazu, dass Mehrheiten gebildet werden können und Menschen im felsenfesten Glauben sind, die richtige Entscheidung zu treffen, natürlich basierend auf harten Fakten. Die Wähler sind fest davon überzeugt, auf einer rationalen Basis zu entscheiden. Das erklärt ihnen ihr »gesunder Menschenverstand«. Der allerdings wurde ganz unbemerkt kräftig manipuliert. Nur so ist es zu erklären, wie es dazu kommen kann, dass in demokratischen Abstimmungsprozessen die Bürger mehrheitlich gegen ihre eigenen Interessen handeln.

Unvergessen der Fischer aus einer ARD-Reportage im südenglischen Cornwall, einer der ärmsten Regionen Europas. Hohe Arbeitslosigkeit, strukturelle Probleme. Man sieht den Fischer in einer typischen Brexit-Reportage, irgendwann 2016. Er schimpft auf die EU, die Bürokraten, »die da oben«, die Zuwanderung, die angebliche Gängelung. »Denen schicken wir unser Geld!« Während der gesamten Reportage ist hinter ihm ein Schild im Bild zu sehen, auf dem steht: »Diese neue Fischverarbeitungshalle wurde mit Mitteln der EU finanziert.« Was also treibt den Mann, dem die EU doch wohl offenbar ganz praktisch geholfen hat, dazu, einen politischen Feuerteufel wie den EU-Gegner Nigel Farage zu unterstützen, der seine Lügen über den Brexit keine 24 Stunden nach dem – aus seiner Sicht – erfolgreichen Referendum einkassieren musste?

Die Antwort liegt in der Anwendung von Framing. Der Fischer wurde ganz unbemerkt in Richtung einer Meinung manipuliert, die gegen seine eigenen Interessen gerichtet ist. Dazu noch ein Versuchsbeispiel aus dem Team um Professor Lakoff.[36] Man teilt eine Gruppe von Probanden in zwei Teams. Beide erhalten den gleichen Text, es geht um Kriminalität. In beiden Texten stehen die gleichen Fakten, die gleichen Zahlen, die gleichen Statistiken. Allerdings wird in einem Text von der sich ausbreitenden Kriminalität als ein sich verbreitendes »Virus« gesprochen, im anderen Text von einem »Untier«, das es zu bekämpfen gelte. In der nachfolgenden Abstimmung über zwei Methoden der Kriminalitätsbekämpfung hat das Team »Virus« mehrheitlich für präventive Maßnahmen, das Team »Untier« mehrheitlich für »Wegsperren«, also Gefängnis gestimmt.

Besonders oft werden in der politischen Kommunikation Worte wie abstoßend und widerwärtig benutzt. Es geht dabei meistens um die Einordnung eines moralischen Aspektes. Die Kontextualisierung dieser Begriffe mündet in eine Welt des Ekels, der bei den meisten Menschen starke Gefühle auslöst. Fun fact: Das konservative Gehirn ekelt sich stärker,[37] weshalb zum Beispiel die moralische Keule »Ihr Verhalten zeugt von einer widerwärtigen Gleichgültigkeit« vor allem ein Appell an den leicht zwanghaften Konservativen ist. Den Wähler, dem es vor Veränderung und Wandel am meisten graust.

Aber auch einzelne Worte können diesbezüglich wirken. Den Klimawandel leugnen viele Konservative in den USA. Die Fakten der Wissenschaftler sind ihnen egal, es ist »Wandel« per se, der aus ihrer Sicht schlecht ist. So simpel kann Sprache Wähler beeinflussen.

*Kleine Stationen sind stolz darauf,*
*dass die Schnellzüge bei ihnen vorbeifahren müssen.*
Karl Kraus

# Verrückte Medien

Stellen Sie sich vor, Sie kämen an einem schrecklichen Unfall vorbei. Auf der Straße vor Ihnen wäre ein Reisebus in eine Gruppe Fahrradfahrer gefahren. Ein fürchterliches Bild, Tote und Verletzte, darunter Kinder und Jugendliche. Noch bevor die Rettungskräfte eintreffen, steht dort nun ein Mitarbeiter des *Stern*, des *Focus* oder von Facebook mit einer Handkasse, wie man sie von Fähren kennt, und bietet den Vorbeifahrenden einen Euro für die Erlaubnis zum Zugriff auf ihre Computer, Handys und Tablets. Im Gegenzug dürfen die Sensationslustigen ausgiebig gaffen und Handyvideos machen. Die Videos zeigt das Medium anschließend auf seiner Plattform. Die gesammelten Daten aus dem Zugriff auf die Computer der Sensationslüsternen verkauft das Medienhaus an Internet-Shops und Markenartikelhersteller und verdient damit sehr viel Geld. Denn Werbetreibende lesen den ganzen Tag mit, was die User im Internet so machen, damit man ihnen in Zukunft ganz tolle Produkte anbieten kann.

Willkommen in der Medienrealität des Jahres 2017. Stimmt, die Sache mit der Handkasse ist satirisch überzeichnet, so steinzeitlich ist es nicht mehr. Das läuft viel reibungsloser, viel geschmeidiger. Und vor allem: Sie selbst haben es gar nicht mitbekommen, denn auch auf Ihrem Computer lesen geschätzte 300 bis 400 private Unternehmen mit, wo Sie surfen, was Sie kaufen, wohin Sie reisen.

Nicht nur Medienunternehmen haben verstanden, dass immer schlimmere, aufregendere und dramatischere Stories noch mehr Klicks bringen. Auch private Medien-Ich-AGs haben das Geschäft für sich entdeckt. Da braucht es keinen Unfall mehr, die Nachricht wird gleich erfunden.

Warum gibt es denn neuerdings diese »Fake News«? Weil sie Geld bringen. Der erfolgreichste Produzent von erfundenen Nachrichten im amerikanischen Wahlkampf ist Pilot einer US-Frachtgesellschaft und hat mit Nachrichten zuvor nicht das Geringste zu tun gehabt. Er hat schlimme Verleumdungen erfunden, Hass geschürt, Menschen herabgewürdigt und das alles so geschickt inszeniert, dass die Menschen es gern millionenfach gelesen, ja geglaubt haben. Eine politische Botschaft hatte er nicht, einer Partei gehört er auch nicht an. Er hat nur durch einen Zufall herausgefunden, dass man die Massen ganz leicht auf die Palme bringen kann, dass der normale Mediennutzer nicht in der Lage ist, zwischen Fiktion und echter Information zu unterscheiden. Und vor allem, dass die Zugriffe, die Klicks auf seine Nachrichten stiegen, je verletzender, abstruser oder gemeiner die Schlagzeile war.

Wie simpel das funktioniert, belegt die erfolgreichste aller Headlines: »Klicken Sie hier, so was haben Sie noch nie gesehen.« Ein Inhalt ist nicht notwendig, allein die Aussicht auf das Spektakel reicht. Und schon geht es los, Hunderttausende klicken, zahlen indirekt durch Preisgabe ihrer Daten und machen den Erfinder dieser falschen Nachricht reich.

Da fragt man sich natürlich, wer ist hier eigentlich der Trottel? Der skrupellose Hersteller dieser Nachricht oder die Millionen bekloppter Leser, die tatsächlich glauben, Hillary Clinton würde im Keller einer Pizzeria in Washington, D. C., einen Pädophilen-Ring betreiben? Übrigens einer der erfolgreichsten Falschmeldungen des letzten US-Wahlkampfs. Erfunden hat sie ein ultrarechter Spin-Doctor, einer, der die Menschen gern aufwiegelt mit seiner Hetze. Sein Name: Jack Posobiec. Seine Spezialität: im Internet nichtexistierende Medien erschaffen, auf die sich die Nachricht angeblich bezieht, Statistiken fälschen und Zeugen erfinden. Wozu das alles? Weil man Geld, sehr viel Geld mit Klicks im Internet verdienen kann. Und besonders viele Klicks verdient man, wenn die Geschichte außergewöhnlich haarsträubend, hinterhältig oder besonders brutal ist.

Fakten? Es geht um Entertainment! So wie ein bekannter Autor einmal sinngemäß sagte, ein Krimi werde zum Bestseller, wenn er besonders gemein oder besonders grausam ist, am besten was mit Kindern. Damit sind wir zurück beim Unfall des Autobusses. Die Leichen sind noch nicht geborgen, da wird schon ein *ARD-Brennpunkt* zur Sicherheit von Reisebussen gesendet, in dem ein verwackeltes Handyfilmchen eines der Passanten 30 Mal wiederholt wird, weil es das Einzige ist, was zur Verfügung steht. Aber immerhin »bewegte Bilder«, das kann man senden. Früher gab es keine Handyfilme, damit gab es auch keinen Bericht. Eine Nachricht auch nicht, denn es gibt sehr viele Unfälle. Also kein Nachrichtenwert, so zynisch das klingen mag. Heute gibt es einen Film, das bedeutet, die eigentliche Nachricht wird sozusagen nur verbreitet, weil man sie zufälligerweise bebildern kann. Der Effekt ist der gleiche wie bei Gaffern auf der Autobahn. Die klicken, das Medium verdient.

Die Korrespondentin aus Paris sagt zwischenzeitlich, man wisse zwar noch nichts Genaues, aber die Straße, auf der das alles passiert ist, sei 2001 schon einmal in den Medien gewesen, als dort ein Milchlaster umgefallen sei. Die diesbezügliche Information hat sie nicht bei den französischen Behörden oder gar vor Ort recherchiert, sondern per Telefon aus der Zentralredaktion in Hamburg erhalten, wo gerade französisches Fernsehen läuft. Dafür schaut sie immerhin extra-betroffen in die Kamera.

Weil die polizeilichen Ermittlungen nun einmal dauern, sagt derweil der Innenminister etwas ohne Inhalt, und dann tritt – als letzte mediale Verzweiflungstat – neuerdings ein »Social-Media-Redakteur« im Fernsehen auf, der Twitter-Meldungen und Facebook-Einträge von x-beliebigen Zuschauern vorliest, die zuvor an der Kasse der Fähre einen Euro bekommen haben, um die Sache mit dem Handy zu filmen oder eine standardisierte Betroffenheitsnachricht abzugeben. »RIP« – Rest in Peace!

Man kann diese Medienentwicklung als das kritisieren, was sie ist: skrupellose Geschäftemacherei mit dem Tod und dem Leid anderer Leute. Professionalisiertes Gaffertum unter dem Deckmantel der Berichterstattung. Wer das zu kritisieren wagt, der ist sofort ein »Lügenpresse-Rufer« oder gleich ein Gegner der Pressefreiheit. Zur Ehrenrettung der klassischen Medien muss gesagt werden, dass es nicht die Journalisten sind, die diese Form der Medienhysterie befeuern, sondern die Zuschauer selbst. So bizarr es klingt, aber die Menschen gieren nach Katastrophen, Terror, Unfällen und Blaulicht. Also sollen sie es bekommen.

Zur Wahrheit unserer gegenwärtigen Medienrealität gehört auch: Wenn es zahlreiche Tote und Verletzte gibt, weil einfach ein Reifen geplatzt ist, dann interessiert das nur kurz, wahrscheinlich findet es nicht einmal am Nachmittag in einer »bunten Meldung« statt. War es jedoch ein Terrorist, dann ist es einen *Brennpunkt* wert. Das ändert am fürchterlichen Leid der Betroffenen in beiden Fällen nichts, macht medial aber einen großen Unterschied.

»Terrortainment« nennt man das zynisch im Medien-geschäft. Die reale Gefahr, bei einem Anschlag ums Leben zu kommen, ist in den letzten zehn Jahren deutlich gesunken. In ganz Europa waren es im letzten Jahr 150 Tote, in den siebziger und achtziger Jahren kamen streckenweise viermal so viele Menschen durch Terroranschläge ums Leben.[38] Auf den Punkt gebracht: Die Zahlen sinken, die Angst steigt. Wie kann das sein?

Die Antwort kann nur in der medialen Aufmerksam-keit der Taten begründet liegen. Ich möchte nicht falsch verstanden werden: Jedes einzelne Opfer dieses sinn-losen Irrsinns ist zu beklagen, zu betrauern, seine An-gehörigen zu trösten. Das Gleiche gilt aber auch für die über 3 200 Verkehrstoten pro Jahr in Deutschland, die Alkoholismusleichen, etwa 30 000 pro Jahr, oder die be-dauernswerten Patienten, die sich in Deutschland in ein Krankenhaus begeben und dort an mangelnder Hygiene verrecken. Nach Angaben des Robert-Koch-Institutes mindestens 15 000, es könnten aber auch 40 000 pro Jahr sein. So ganz genau weiß das leider niemand, erklärte ein überforderter Gesundheitsminister neulich in der ARD-Talkshow *Hart aber Fair*.[39] Ein Skandal, sicher, aber einen »Brennpunkt« ist das nicht wert. Warum eigentlich nicht?

Als Autor denkt man in Geschichten, Narrativen, Er-zählungen. Fehlt zur Skandalisierung das Blaulicht, die Bombe und womöglich der klar identifizierbare böse

Bube? Am besten ein Ausländer, noch besser ein Moslem! Was man daran erkennt, dass bei Taten ohne Ausländerbeteiligung schnell das Interesse verfliegt. Der Mann, der in Heidelberg im Herbst 2016 in eine Fußgängerzone gerast ist, Menschen getötet und verletzt hat, war kein Ausländer. Also auch kein Terror, alles halb so schlimm. Bezeichnend die wütenden Twitter-Meldungen von »besorgten Bürgern«, die Polizei solle endlich – wider besseres Wissen – bestätigen, dass es sich um einen Ausländer handelt.

Terrorberichterstattung ist nur eine Ausprägung einer medialen Hysterie, deren Sinn und Zweck rein kommerzieller Natur ist. Das Publikum schaltet ein oder klickt. Wer in unserer liberalisierten Medienlandschaft nicht liefert, was die Masse will, der wird in das Nirwana der Irrelevanz weggezappt. Und so verteidigen auch seriöse Medienmacher ihr Tun mit einem semantischen Trick: Sie verwechseln bewusst die überaus bedeutende Pressefreiheit mit einer gefährlichen neuen Freizügigkeit, insbesondere der Online-Medien. Es ist eben diese Freizügigkeit, die uns geradewegs in die Unfreiheit führt. Schlimmer noch, sie stellt eine unmittelbare Bedrohung unserer demokratischen Grundordnung dar. Denn das Publikum ist viel leichter zu beeinflussen, zu agitieren, zu manipulieren, als man gemeinhin annimmt. Ein Bias, der sich aus einer falschen Selbstwahrnehmung ableitet. Glauben wir doch alle, wir würden die Dinge schon durchschauen, einen Trick erkennen, einer Masche nicht auf den Leim gehen. Das ist natürlich Quatsch. Wir sind beschämt, wenn wir erkennen, betrogen worden zu sein, übertölpelt von einer Emotionalisierung, die wir uns selbst gar nicht zugetraut haben.

Wie der Vorstand eines Bankhauses, rationaler Denker, Doktor der Rechte, einer, von dem man zu Recht annehmen kann, er kenne die Welt. Er erzählte mir, wie wütend er von seinem Schreibtisch aufsprang und laut auf »diese Scheiß-Grünen« schimpfte, als er in seiner Facebook-Timeline die Nachricht las, Renate Künast habe Betreuung für den jungen Afghanen gefordert, der die Studentin Maria L. im Oktober 2016 in Freiburg missbrauchte und ermordete.

Der Manager war beschämt, als er Tage später hörte, dass es sich um eine »Fake News« handelte, der er auf den Leim gegangen war. Die Falschnachricht war deshalb so wirkungsvoll, weil sie einen Glaubwürdigkeitskern besaß. Damit war sie besser als die Wahrheit. So wie eine »gute Geschichte« immer die Kraft besitzt zu emotionalisieren. Denn wer hätte sich nicht schon einmal gefragt, ob es vegan lebenden Grünen eigentlich gestattet ist, einem dermaßen auf die Eier zu gehen? Jene ideologische Linke von Bündnis 90/Die Grünen, deren moralgetränkte Bevormundungsansprüche selbst vom grünen Ministerpräsidenten Winfried Kretschmann als »gesinnungsethischer Überschuss« gegeißelt werden.[40]

Doch die Meldung zu Renate Künast bleibt eine Falschmeldung, eine Desinformation, die nur ein Ziel verfolgt: die Politikerin zu diskreditieren. Die wenigsten Bürger sind so breit informiert, dass sie Falschinformationen später einzuordnen wissen. Sicherlich ist auch richtig, dass nicht alle Bürger so dämlich sind, tatsächlich mit einer Pumpgun in besagte Pizzeria in Washington zu stürmen, um dort die vermeintlich missbrauchten Kinder aus dem Keller befreien zu wollen, wie jener reichlich schlichte US-Amerikaner, der zum Glück niemanden verletzt hat. Alle anderen bleiben zwar äußerlich ruhig, machen aber bei Wahlen ihre Kreuze. Mit deutlich weitreichenderen Konsequenzen.

Während die großen Volksparteien noch Kugelschreiber auf Marktplätzen verteilen, haben vor allem die kleinen Parteien verstanden, dass die politische Willensbildung neuerdings ganz wesentlich durch Online-Medien geprägt wird. Das betrifft einen selbst dann, wenn man – wie ich – gar keinen Facebook-Account besitzt. Denn die klassischen Medien verbreiten Posts und Beiträge, pushen Skurriles und machen sogar das Feedback von Zuschauern zu einem Live-Event in TV-Talkshows.

So wird in sozialen Medien weniger um Meinungen als um Stimmungen gerungen, um das Herstellen der Deutungshoheit, »Interpretation« von Fakten, im besten Falle um Teile von Wahrheit, verpackt in vermeintliche Wahrhaftigkeit. Wutbürger gegen Weltbürger, Nationalisten gegen Liberale und die Mitte gegen die Extremen. Der wesentliche Aspekt bei der Veränderung moderner Wahlkämpfe liegt in der Tatsache begründet, dass Politiker direkt mit dem Wähler in Interaktion treten können. Das ist zunächst nichts Schlechtes, bringt aber mit sich, dass die Parteilinie, die Beschlüsse, die Findung von Positionen in den Hintergrund gerät, zulasten von unabgestimmten Profilierungsbedürfnissen Einzelner.

Mit den Möglichkeiten der Social Media, den Möglichkeiten der Selbstvermarktung und des Aufbaus eines »Ich-TV«, wächst ein ganz neuer Politikertypus heran. Ein Medienpolitiker, der das Prinzip moderner Aufmerksamkeitsökonomie für sich zu nutzen versteht, der internalisiert hat, dass immer schrillere Nachrichten ihm einen Vorteil verschaffen können. Der auf die klassischen Medien ebenso verzichten kann wie auf die »Ochsentour« des innerparteilichen Auswahlprozesses. Mit Twitter, Facebook, YouTube & Co. stehen ihm eigene Medienkanäle zur Verfügung, die zu meiner nicht enden wollenden Verwunderung keineswegs durch die Mediengesetze unseres Landes reglementiert sind. Das kann einen nur ratlos zurücklassen, war es doch eine wesentliche Lehre des Dritten Reiches, dass Einzelnen nicht der mediale Zugriff auf das gesamte deutsche Volk gewährt werden sollte. Die Nachkriegserkenntnis, dass »Gleichschaltung« eine erhebliche Gefahr darstellt, mündete in die Gründung der öffentlich-rechtlichen Rundfunkanstalten, die mit

Milliarden an GEZ-Gebühren die Bürger finanzieren. Mit welcher Berechtigung eigentlich noch?

Die Verfügbarkeit eines eigenen Medienkanals hat den Wahlkampf von Donald Trump nicht nur von den klassischen Medien, TV und Print, unabhängig gemacht. Man kann seine Kampagne auch als durchweg entkoppelt von den Positionen, Meinungen und Einflüssen der Republikanischen Partei bezeichnen.

Das gilt ebenso für den Wahlkampf Macrons wie für den wiederauferstandenen Matteo Renzi oder den Widersacher des österreichischen Bundeskanzlers Christian Kern, den konservativen 30-jährigen Außenminister Sebastian Kurz (Rufname »Wunderwuzzi«), der es vermochte, im Vorwege der Neuwahlen mal kurz eben die Volkspartei ÖVP hinter seiner Person verschwinden zu lassen. Junge charismatische Politiker, allesamt in »Slim-Fit-Anzügen« und offenen weißen Hemden, deren Inszenierung auf Instagram einer Bilderschlacht der Jugendlichkeit gleicht. Die Person als Programm.

Die traditionellen Institutionen, die Organe der demokratischen Ordnung verlieren damit an Einfluss und die Parteien vor allem die Kontrolle über Debatten, Inhalte und das Bild von Geschlossenheit. Sie sind zur Beschaffung von Mehrheiten im digitalen Zeitalter nicht mehr notwendig. Der demokratische Willensbildungsprozess gehorcht den alten Regeln der Demokratie nicht mehr. Einzelpersonen können sich in höchste Positionen wählen lassen, die weder einer politischen Partei angehören noch von ihr aufgestellt wurden. Man könnte auch sagen: Den Parteien droht die Bedeutungslosigkeit. Sie werden obsolet.

Zugleich tauchen neue Meinungsmacher auf, die Themen setzen, vervielfältigen und durch die reine Quantität ihrer Kommunikation und Präsenz den Eindruck einer Mehrheitsmeinung zu vermitteln suchen.

Längst wurde auch diese Strategie automatisiert, durch sogenannte Bots. Siri, die Sprachassistenz des iPhones, ist so ein Bot. Eine Software, als Account lebender Personen getarnt, die Meinungen und Nachrichten ebenso teilt wie Desinformation und Agitation. Bots helfen Parteien aber auch, Anfragen zu beantworten. Weil die Themen der Bürger fast immer die gleichen sind, hat man den Vorgang automatisiert. Zu deutsch: Sie schreiben der CDU und erhalten Antwort von einem Automaten, wie der Generalsekretär der Partei unlängst freimütig in einer TV-Reportage eingeräumt hat.[41]

Die Kanzlerin ist kein Bot, auch wenn es manchmal bei öffentlichen Auftritten so wirkt. Kurios ist dieser Trend aber dennoch, kommt es doch mittlerweile dazu, dass Aktivisten-Bots bei Parteien automatische Anfragen stellen oder Eingaben machen und der Bot der Partei darauf automatisiert antwortet. Zwei Computer unterhalten sich über Politik, das ist Demokratie 2.0.

Facebook hat sich in diesem Zusammenhang zum

wichtigsten Akteur im Geschäft der politischen Meinungsbildung aufgeschwungen. Nach der Wahl Donald Trumps wurde Kritik am Social Network laut, für das Wahlergebnis mitverantwortlich zu sein. Zum Beispiel dadurch, nicht rechtzeitig Falschmeldungen entfernt zu haben wie jene, der Papst unterstütze die Kandidatur Trumps. Mark Zuckerberg tat diese Kritik als »ziemlich verrückte Idee« ab. So langsam wird klar, wie sehr die Macher von Facebook ihren Einfluss auf den Ausgang der Wahl unterschätzt haben. Das wirft ein Schlaglicht auf das Selbstverständnis eines Unternehmens, das sich seiner eigenen Bedeutung für die Herstellung von Mehrheiten offensichtlich gar nicht bewusst ist. Mindestens aber war es ihnen gleichgültig, denn Hinweise auf Desinformation in Facebook-Timelines hat es schon sehr viel früher gegeben.

Erst nachdem sich große Werbekunden weigerten, ihre Spots und Banner im Umfeld von Falschnachrichten zu schalten, wurde die »News Integrity Initiative« gestartet. Eine Kooperation mit der City University of New York, wie Professor Jeff Jarvis am Rande der Digitalkonferenz DLD im Mai 2017 ankündigte.[42] Das kann man mit einem von Facebook bereitgestellten Budget von 14 Millionen Dollar nur als typisches Feigenblatt eines Silicon Valley-Giganten bezeichnen, man könnte auch sagen: reine PR.

Falschnachrichten sind aber nur ein kleiner Ausschnitt des Problems. Es geht vor allem um Erpressung, Nötigung,

Kindesmissbrauch, Mobbing, Gewalt und Tierquälerei. Strafbare Inhalte, deren rückstandslose Beseitigung das Unternehmen zu verantworten hat. Es ist der Beginn eines Wandels im Selbstverständnis von Facebook. Das Unternehmen sah sich selbst stets als Technologiefirma, war stolz auf den Umstand, das größte Verlagshaus der Welt zu sein, aber keine eigenen Journalisten zu beschäftigen, keine eigenen Inhalte zu produzieren. So wie Uber keine Taxis besitzt und Airbnb in kein einziges Hotelzimmer investiert hat. Unter dem absehbaren Druck einer verschärften Gesetzgebung einschließlich der Androhung massiver Geldbußen wird dieser Gen-Code von Facebook nun erstmals verändert.

Zwischenzeitlich wird darüber gesprochen, dass das Social Network 3 000 neue Mitarbeiter einstellen möchte, um der Flut an Hass, Verleumdung und Falschnachrichten Herr zu werden. Angesichts von Milliarden Einträgen eine Sisyphos-Arbeit, die einen deutlich größeren Personalbestand benötigen wird. Der britische *Guardian* hat nun eine Liste zugespielt bekommen, Tausende Seiten mit höchst komplexen Löschregeln, die Facebook erlassen hat.[43] Es verdeutlicht das Problem von einer ganz praktischen, menschlichen Seite her. Denn umgesetzt werden diese neuen Regeln zumeist von externen Dienstleistern, von Mitarbeitern, die den Mindestlohn erhalten und quasi als Kanalarbeiter der schönen, bunten Social Welt fungieren. Ihre Aufgabe teilt sich in »ignorieren«, »sperren«

oder »an Strafverfolgungsbehörden weiterleiten«. Die Arbeit hat es in sich: Abgründe des Menschlichen, bearbeitet von Mitarbeitern, die darauf unzureichend vorbereitet sind und bei alldem offenbar kaum psychologische Unterstützung erhalten. Am schlimmsten zu ertragen sind die Videos jener Jugendlichen, die ihren Selbstmord auf Persicope, einer Art Fernsehübertragung für jedermann, live im Netz streamen.

In Deutschland wird das von Arvato umgesetzt, einer Bertelsmann-Tochter. Schon ist die Rede davon, dass die Truppe weltweit auf 7 500 Mitarbeiter aufgestockt werden soll, in Deutschland sind es 600. Mit der Löschung von Inhalten stoßen die sonst so technikgläubigen Helden der Gründerszene an die Grenzen der Automatisierung. Digitale Bilderkennung funktioniert bereits hervorragend. Ein Computer kann auf einem Bild nicht nur erkennen, dass eine Blume darauf zu sehen ist, sondern auch, um was für eine Blume es sich handelt. Bei Sprache ist es hingegen weitaus schwieriger, Feinheiten wie Ironie, Sarkasmus differenziert zu beurteilen. Das gelingt ja nicht einmal in manchen Germanistikseminaren an der Uni.

Hinweise auf technische Hindernisse sind zwar für ein Fachpublikum interessant, für die Allgemeinheit jedoch irrelevant. Denn wir erwarten auch von einem pharmazeutischen Unternehmen, dass uns der bezahlte Wirkstoff hilft und nicht tötet. Dazu muss man kein Apotheker sein. Es dauert zu Recht Jahre, bis staatliche Aufsichtsinstanzen

Medikamente zulassen. Warum also ist das eigentlich beim digitalen Fortschritt nicht der Fall? Wieso wird jedes kleines Uni-Radio mit der ganzen Härte der Mediengesetze verfolgt, während Internetanbieter sich ungehindert an Millionen User wenden können? Wie kann es sein, dass wir zulassen, dass – mit Persicope und ähnlichen Programmen – Medien ans Netz gehen, die Vergewaltigung, Mord und andere Straftaten live übertragen und die Täter sich damit in ihren Netzwerken brüsten können?

Man könnte die Bemühungen von Facebook als einen Erfolg der Verhandlungen sehen, die Justizminister Heiko Maas mit dem Social Network in den letzten zwei Jahren geführt hat. Als Reaktion auf jenes Gesetz, das noch vor der Sommerpause 2017 durch den Bundestag gepeitscht werden soll. Selbst wenn es käme, was zum Zeitpunkt der Drucklegung dieses Textes nicht bekannt ist, es wäre ein Pyrrhussieg. Denn die Betreiber der Plattformen, allen voran Facebook, werden die Weiterleitung strafbarer Handlungen an die Staatsanwaltschaften automatisieren. Ein Klick, und das fertig vorbereitete »Template« einer Strafanzeige wird per Post versendet, nur der Fall selbst ändert sich. So wie man das von Strafzetteln kennt. Damit werden die deutschen Strafverfolgungsbehörden überschwemmt mit Hunderttausenden Verfahren. Ich wage zu bezweifeln, dass der Minister ebenfalls in Planung hat, seinen Personalbestand entsprechend anzupassen.

Und so wird sich bald zeigen, wo die Macht wirklich

zu finden ist. Wir werden ein Lehrstück in Gewaltenteilung 2.0 erfahren. Denn längst sind die digitalen Riesen aus dem Silicon Valley selbst zu einer staatlichen Gewalt herangewachsen, man könnte sie die fünfte Gewalt nennen. Sie stürzen Politiker (Guttenberg) oder lassen sie gar nicht erst an die Macht kommen (Clinton), sie jagen Verbrecher, betreiben Selbstjustiz, mindestens jedoch eine inhumane Parajustiz in Form des modernen Prangers, der einen aburteilenden anonymen Mob hervorbringt, und bauen nicht zuletzt eigene normative Strukturen auf. Wer nun meint, diese fünfte Gewalt sei eine intelligente, ja beinahe demokratische Vernetzung der vielen, wie der Medienwissenschaftler Bernhard Pörksen schrieb,[44] der irrt meines Erachtens. Die Gewalt liegt eben gerade nur scheinbar bei den Teilnehmern, den Usern, sondern vielmehr bei jenen, die diese Plattformen betreiben bzw. besitzen.

Heute gewähren wir einem einzelnen jungen Mann, Mark Zuckerberg, den direkten Zugriff auf beinahe zwei Milliarden Menschen weltweit. Auch wenn Zuckerberg selbst noch keine politischen Ambitionen erkennen lässt, andere haben sich längst ihre eignen, ungefilterten und unregulierten Volksempfänger neuer Prägung geschaffen. So erreicht der Twitter-Account von Donald Trump direkt 30 Millionen Follower.

Auch extremistische, staatsfeindliche und antidemokratische Kräfte haben diesen unmittelbaren und unregulierten Kommunikationsweg für sich entdeckt. Kleiner Aufwand, große Wirkung auch bei der Propaganda des sogenannten »Islamischen Staates« (IS). Ohne Facebook und YouTube wäre die islamistische Agitation gar nicht denkbar. Beide Anbieter nehmen eine zentrale Rolle bei Propaganda und Anwerbung von Kämpfern und Attentätern auf der ganzen Welt ein.

Überspitzt gesagt: Wir verteidigen, unter Opferung des Lebens deutscher Soldaten und mit einem Milliardenaufwand, seit fünfzehn Jahren die Freiheit am Hindukusch, sind aber hilflos, wenn der islamistische Kämpfer in voller Montur in Kleinkrotzenbach im Wohnzimmer auf Muttis PC erscheint. Die Netzwerke selbst sind offenbar der Meinung, diese Inhalte verstoßen nicht gegen ihre Nutzungsbestimmungen. Deshalb werden sie auch nur zögerlich von den Betreibern gelöscht.

Anderes wird von den neuen Mediengiganten durchaus als gefährlicher eingeschätzt, zum Beispiel nackte Brüste. Das durfte auch die Neue Pinakothek in München erfahren. Deren Ausstellungplakat zierte in einer Handy-App einen Akt des weltberühmten Malers Max Beckmann, das Werk »Schlafende«. Nach kurzer Zeit war der Account des Museums gesperrt. Das Museum wurde von Apple zur Entfernung der Inhalte aufgefordert.[45] Das gleiche Schicksal ereilte ein E-Book über die Hippiebewegung der siebziger Jahre, weil im Buch nackte Menschen zu sehen waren.[46]

Die Zensur von Medieninhalten durch US-Konzerne ist eine direkte Einflussnahme auf unsere freiheitliche, europäische Kultur: ein Überzug aus Zuckerguss der Marke bigotte Scheinmoral, unter der sich ein reaktionär-konservatives US-Weltbild verbirgt.

Wenn auch Sie nun der Meinung sind, abgetrennte Köpfe in die Kamera zu halten sei ein klein wenig staatsgefährdender als die nackte Brust auf einem hundert Jahre alten Gemälde, dann wäre es sinnvoll, Sie brächten diese Meinung auch einmal in den öffentlichen Diskurs ein. Denn die Politik hat sich dazu entschlossen, den neuen amerikanischen Mediengiganten ordnungspolitisch äußerst wenig bis gar nichts entgegenzusetzen. Anders gesagt, niemand in Europa hat darüber abgestimmt, es wurde kein demokratischer Prozess darüber geführt, ob Hass und Agitation, ob »Fake News« oder willkürliche Zensur unserer Kulturgüter überhaupt rechtmäßig ist. Von der massenweise Weitergabe unserer persönlichen Daten ganz zu schweigen.

Wir sind als Gesellschaft auf dem besten Wege in die Knechtschaft digitaler Supermächte, denen Gesetze einzelner Staaten, selbst die Gesetze der EU reichlich egal sind. Dazu wird Einfluss auf Politiker genommen, werden Armeen von Lobbyisten eingesetzt und nicht zuletzt eine subtile Angstmacherei betrieben, angesichts derer gewählte Vertreter unseres Volkes durchaus Bammel haben, sich mit Google, Facebook & Co. »anzulegen«. Man weiß ja nicht, welche Folgen das für einen selbst haben könnte. Das ist eine Einflussnahme auf unsere Freiheit, der wir entschiedener als bisher entgegentreten müssen.

Facebook hat unsere Gesellschaft gehackt, wie man das neudeutsch nennen würde. Zuckerberg nennt das Selbstverständnis seiner Organisation bezeichnenderweise »The Hacker Way«. »Hacker« sehen sich grundsätzlich als die Guten. Irgendwie ist ihre Lebensrealität verschwommen, zwischen der virtuellen Welt der Online Games und einer neuen realen Welt, die sie selbst virtuell erschaffen. Beides ist eine nicht enden wollende Heldenreise. Es werden geschützte Märkte geentert (»Disruption!«), Sicherungen überwunden, Gesetze ausgehebelt und Vorschriften als »irgendetwas von gestern« ignoriert, die ohnedies nur beim wirtschaftlichen Wachstum dumm im Weg herumstehen. Der kreative Umgang mit Technik als Lösung für alles.

Wir müssen akzeptieren, dass Facebook ohne jegliche Legitimation selbst ein institutionelles Gebilde geworden ist. Politik war schon immer Kommunikation, vielleicht ist es sogar das Gleiche. Wenn man es aus dieser Richtung sieht, ist Mark Zuckerberg der Lenker einer gigantischen staatenähnlichen Struktur mit 1,9 Milliarden Einwohnern, den allerdings niemand gewählt hat und dessen mächtiger Einfluss durch niemanden legitimiert wurde. Gelegentlich hört man von ihm eine Verlautbarung, eine Art Manifest. Nicht nur der stilistischen Note nach kann man das als Regierungserklärung verstehen. Nutzungsbedingungen bilden zugleich eine Art Grundgesetz, in dem vor allem ein Credo gilt: Die Betreiber sind für nichts verantwortlich zu machen.

Da ist der syrische Flüchtling, der mit der Kanzlerin das bekannte Selfie knipste und sich später bei Facebook als Terrorist und Mörder diffamiert wiederfand. Er klagte dagegen, und das Gericht gab ihm recht. Allein, es fehlt die rechtliche Grundlage, Facebook zu zwingen, dieses Urteil auch umzusetzen. Bei einer Gerichtsverhandlung in Würzburg weigerte sich das Netzwerk sogar, das Wiederhochladen des Bildes zu blockieren. Ein Anwalt von Facebook sagte: Eine solche »Wundermaschine« gebe es nicht. Das ist unzutreffend, solche Systeme gibt es schon seit über zehn Jahren.[47]

Da ist die schon erwähnte Schmähung von Renate Künast, ein glasklar rechtswidriger Eintrag, den Facebook löschen muss. Das geschah allerdings erst nach quälend langen Tagen und unter einigem medialen Druck.

Da ist das weltberühmte historische Foto von dem vietnamesischen Mädchen, das vor den Napalm-Bomben flüchtet. Es wird mit dem absurden Hinweis auf Kinderpornographie gelöscht. Nazipropaganda, zweifelsfrei in Deutschland strafbar, bleibt hingegen tausendfach online.

Wir können nicht länger akzeptieren, dass private Medienbetreiber unseren Rechtsstaat aushebeln, ihn schlicht ignorieren, ihre eigenen Regeln aufstellen und durchsetzen wollen. Von der weitgehenden Steuervermeidung und der Verschiebung von Vermögenswerten rund um den Globus ganz zu schweigen. Diese Portale machen den Konsumenten sicher Spaß, aber das Lachen wird uns vergehen, wenn die Erosion demokratischer Grundrechte zugunsten einzelner amerikanischer Milliardenkonzerne nicht bald unterbunden wird.

Ich möchte an dieser Stelle verdeutlichen, was ich mit meiner These von der Verwechslung von Freiheit und Freizügigkeit auf rechtlicher Ebene meine. Wobei es mir eben darum geht, die Freizügigkeit zugunsten der Freiheit zurückzunehmen. Wenn wir von Freiheit sprechen, dann meinen wir stets die Freiheit des Einzelnen, also eine subjektive Freiheit, deren wesentliches Merkmal die Selbstbestimmung ist. Diese Freiheit endet dort, wo sie jene anderer Menschen tangiert. Anders gesagt, wir haben uns auf eine Definition geeinigt, in der die Freiheit des Einzelnen mit der aller anderen Menschen vereinbar zu sein hat. Das regelt in Deutschland das Grundgesetz, auf das man sich als Bürger auch dann immer leicht beziehen kann, wenn man ansonsten wenig Ahnung von juristischen Zusammenhängen hat. Diese Grundrechte sind universell, sie bewahren uns davor, dass jemand unsere Rechte verletzt. Dort ist die Grenze. Wo deren Verlauf möglicherweise nicht ganz eindeutig ist, wird die Inanspruchnahme der Freiheit zwischen den Parteien durch ein Gericht geklärt.

Nun könnte man sagen, alles klar, alles bekannt. Wozu

der Hinweis? Weil die gegenwärtige Diskussion um die Frage, wer für die Löschung eines Beitrages bei Facebook oder einem anderen sozialen Medium verantwortlich sein sollte, in eine Richtung läuft, die diesen Grundsatz außer Acht lässt.

Die Verschärfung gesetzlicher Regelungen zu Facebook und Co. tut dringend not. Es kann weder hingenommen werden, dass die Bürger in solcher Weise ausspioniert werden, noch, dass sich ungefiltert Hass und Verhetzung verbreiten können, noch, dass uns durch »Fake News« eine Destabilisierung unserer Demokratie durch Desinformation ins Haus steht. Keine Frage, die sozialen Medien sind durch eine ordnungspolitische Maßnahme zu disziplinieren. Die Frage aber ist: Was wäre die effektivste Methode? Ich möchte dabei nicht dem aktuellen Diskurs folgen und mich in erster Linie auf die Meinungsfreiheit berufen. Es ist ein naheliegendes, aber den Kern der Sache verfehlendes Argument.

Das Problem ist zunächst einmal ökonomischer Natur. Die sozialen Netzwerke leben von Mitgliedern, ihren Kunden. An einer Beschränkung besteht daher wenig Interesse.

Neben dem Problem der Menge stellt sich auch die Frage, wer denn eigentlich bestimmen soll, was zu löschen ist. Da ist die Position von Facebook stets, dass man das nicht entscheiden könne. Das ist natürlich Unsinn, denn das meiste ist ohnedies durch Gesetze geregelt. Volksverhetzende Schriften, verfassungswidrige Zeichen: Im Netz kann nichts anderes gelten als an einer Hauswand.

Ein Anfang wäre, wenn die internationalen Betreiber von Medienseiten sich in Deutschland an deutsches Recht halten müssten, weil Urteile deutscher Gerichte auch durchsetzbar wären. Dazu gehört, dass Straftaten verfolgt werden und die Netzwerke – unter Androhung von Bußgeldern – zur Löschung falscher Informationen, von Verletzungen des Persönlichkeitsrechtes bis zu verfassungswidrigen Inhalten, verpflichtet werden. Das gilt insbesondere auch dann, wenn der Post anonym und der Urheber nicht zu ermitteln ist. Was das alles mit Zensur zu tun haben soll, erschließt sich mir nicht. Zwar verstehe ich die Bedenken, dass die Betreiber etwaiger Plattformen aus Sorge vor hohen Bußgeldern Inhalte löschen könnten, die keineswegs gegen gesetzliche Normen verstoßen, beispielsweise Satire oder Ironie. Allerdings dürfte dies doch wohl nur anonyme Postings betreffen. Außerdem ist das bei klassischen Medien keineswegs anders. Vereinfacht gesagt: Niemand käme auf die Idee, von der *Frankfurter Allgemeinen Zeitung* zu verlangen, dass jede wirre Leserzuschrift veröffentlicht wird. Im Übrigen moderieren Newsseiten wie *Spiegel Online, ZEIT Online, Süddeutsche* ihre Foreneinträge selbstverständlich auch, ohne dass jemand von Zensur spricht.

Entweder eine reale Person äußert sich und kann dafür belangt werden, wie bei jeder Beleidigung auf der Straße auch. Oder die Mitteilung ist anonym, dann ist sie durch das Netzwerk zu löschen. Ein anonymer Hassprediger kann sich schlecht auf Meinungsfreiheit berufen, denn er ist als Absender der Meinung schließlich gar nicht erkenntlich. Seine Freizügigkeit mag an dieser Stelle eine Begrenzung erfahren, doch geschieht das zugunsten der Freiheit unserer Gemeinschaft.

Dieser Diskussion stellen sich deutsche Politiker nur ungern, dem Kräftemessen mit den neuen Mediengiganten noch viel weniger. Sie verweisen in ihrer Hilflosigkeit auf Europa, Brüssel wiederum auf die Mitgliedsstaaten. Sie halten jahrelang »runde Tische« ab, statt den Gesetzgebungsprozess samt vorgeschalteter Debatte in Gang zu bringen. Man gewinnt den Eindruck, niemand möchte sich so recht mit dem Meinungsriesen anlegen, denn Facebook, Google & Co. beeinflussen Wahlen.

Begünstigt wird diese Vogel-Strauß-Politik durch die Tatsache, dass die Bürger keinen Handlungsbedarf sehen, das Vorgenannte zumeist alles für reichlich übertrieben halten und bisweilen stärker an ihre technischen Geräte gebunden sind als an nahestehende Familienmitglieder. Wer Menschen befragt, was sie auf eine einsame Insel mitnehmen würden, bekommt in der Regel an erster Stelle das Handy genannt. Ein gesellschaftlicher Diskurs über die Gefahren dieser wunderbaren neuen Welt hat noch nicht einmal begonnen. Das öffnet die Tür zum lautlosen Eintritt in eine technokratische Diktatur.

*Technik ist ein Kniff,*
*die Welt als Widerstand aus der Welt zu schaffen,*
*damit wir sie nicht erleben müssen.*

Max Frisch[48]

# Mächtige Manipulation

Die neue Dimension von Falschnachrichten, Desinformation und Agitation im Internet mag uns befremden, es ist aber nur der ausgeleuchtete, der sichtbare Teil des Problems. Meinungsmache und »Fake News« sind geradezu, so unglaublich das klingen mag, die harmlosen Auswirkungen der Verlagerung des politischen Schlachtfeldes ins Netz. Die Technologieszene, die politischen Meinungsmacher und Berater haben sich darauf eingestellt, das grelle Scheinwerferlicht einer sichtbaren Debatte um »Fake News« und Hass-Postings zu instrumentalisieren, um in deren Schatten eine viel perfidere, stille Manipulationsmaschine zu installieren, deren hohe Effizienz in der gezielten Ansprache jedes Einzelnen liegt.

Dabei helfen sogenannte Cookies, also jene kleinen Programme, die auf Ihrem Rechner gespeichert werden, wenn Sie eine bestimmte Seite besucht haben. Sie machen das sogenannte »Targeting« möglich, eine direkte

Ansprache einzelner Wähler. Das ist neu. Früher gab es ein oder zwei TV-Sender und Millionen von Zusehern. Dann kamen die Werbeagenturen auf die Idee, die Bevölkerung in Zielgruppen aufzuteilen, später in sogenannte »Sinus-Milieus«, als die privaten Medien aufkamen. Damit war eine etwas genauere Zuweisung einzelner Botschaften möglich.

Das alles ist Schnee von gestern. Ungefähr so, als würden Sie mit einem Buschmesser eine Blinddarmoperation vornehmen. Die zuvor beschriebenen »Fake News« sind gar nicht das eigentliche Problem. Sie sind mehr Wirkung denn Ursache. Es sind erst recht nicht die Gaffer, die das Video vom Autobus machen müssen, um ihre Sensationslust zu befriedigen. Es ist die Tatsache, dass wir mit dem Klick auf die entsprechende Website eines Betreibers diesem unmittelbar die Genehmigung erteilen mitzulesen, was wir auf unserem Computer den lieben langen Tag so machen. Nicht nur unsere Bewegungen im Internet, was wir kaufen, anschauen, nutzen, liken. Auch die Zwischenablage, also was wir mit »copy and paste« kopieren und einfügen, unsere Sprache und die Orte, an denen wir uns befinden, werden mitgeschnitten, ausgewertet und zu individuellen Profilen zusammengefasst. Mit immer perfideren soziodemographischen und psychologischen Filtern werden wir eingeordnet, sortiert und gruppiert und damit ausgeforscht, desinformiert und manipuliert. In einer Dimension, deren Ausmaß uns vor allem deshalb nicht protestieren lässt, weil wir es schlicht technisch nicht verstehen. Nichts bleibt dabei verborgen, nichts ist geheim. Alles nur zu unserem Besten, alles nur für mehr Bequemlichkeit und tollere Produktangebote? Mag sein, aber welcher politischen, sexuellen oder religiösen Orientierung wir angehören ist ebenso abrufbar wie Name, Wohnort, Geschlecht, Ausbildung, Bankverbindung, sämtliche Standorte, an denen wir uns bewegen, Beruf, Beziehungsstatus, Kreditkartendaten, Familienmitglieder und vieles mehr.

Welcher Trottel da noch meint »Ist mir egal, ich habe ja nichts zu verbergen«, versteht einfach nicht, welche Möglichkeiten sich hinter einer technisch veränderten Gesellschaftsrealität verbergen, Menschen unter Druck zu setzen, zu erpressen oder gleich zu deportieren.

Wer das für übertrieben hält, dem sei das Beispiel der US-Firma IBM in Erinnerung gerufen, die bereits in den späten dreißiger Jahren mit dem Patent ihrer damals neuen Lochkarten, eine Art Vor-Computer, für die Nazis den Genozid an den Juden effizient industrialisierte.[49] IBM-Chef Thomas Watson erhielt dafür 1937 von Adolf Hitler in der Berliner Reichskanzlei das »Verdienstkreuz vom Deutschen Adler«.[50] IBM war damals das, was man heute ein cooles IT-Unternehmen nennen würde. Auch die sektenähnliche Verehrung, wie sie zum Beispiel einem Steve Jobs entgegengebracht wurde, ist keinesfalls eine Erfindung der Neuzeit, ließ sich Watson doch mit

Gesängen seiner Mitarbeiter als »Mann aller Männer« feiern. Die digitale Systematisierung des Massenmordes an den Juden, an der sich IBM zweifelsfrei beteiligt hat, war nicht ideologisch motiviert. Die schnellwachsende Firma konnte damit einfach enorm viel Geld verdienen. Während des Zweiten Weltkrieges verdreifachte sich der Umsatz des ehrgeizigen Unternehmens.

IBM betreibt heute eine der weltweit größten Maschinen für künstliche Intelligenz und »Big Data«. In Japan ersetzt eine Versicherung gerade 34 Mitarbeiter durch dieses IBM-Superhirn.[51] Ihr Name: Watson. Ein Schelm, wer Böses dabei denkt.

Ich sage damit nicht, dass heutige Digitalunternehmen einen Massenmord planen, aber ich sage, dass dieses Machtinstrument in einer Selektionseffizienz zur Verfügung steht, die zum Machtmissbrauch geradezu einlädt. Die Geschichte zeigt, wo Macht verfügbar ist, wird sie früher oder später auch verwendet. Zumal die Nutzung heutzutage keineswegs finsteren Despoten und staatlichen Mächten vorbehalten bleibt. Die Dienstleistung »Selektion von Menschen« kann jedermann bei den großen Social Networks, allen voran Facebook, für ein paar Cent einkaufen.

Wir müssen begreifen, dass Diktaturen stets beginnen, indem die Privatheit, das Verborgene abgeschafft wird. Das Ziel ist, die vollständige Kontrolle über die Menschen zu erhalten. Google, Facebook, Amazon und Apple aggregieren eine unbegreiflich hohe Konzentration an Macht, die sich darin ausdrückt, dass diese Unternehmen eigene Normen und Wertesysteme schaffen und zudem unsere sozialen Verbindungen kontrollieren. Oder wie Google-Chef Eric Schmidt einmal sagte: »Wenn man nicht will, dass etwas bekannt wird, dann sollte man es gar nicht erst tun.«[52] Das ist der Sound eines totalitären Herrschers, ein Satz, dem die Diktion des Herrschaftsanspruchs zu eigen ist. Geheimnisse haben zu dürfen, ist Teil unserer freiheitlichen Grundordnung. Diese abzuschaffen, zerstört die bürgerliche Öffentlichkeit. Wer nun meint, den wunderbaren Heilsbringern moderner Technik und Bequemlichkeit ginge es doch nur darum, Werbung zu verkaufen und Profit zu machen, dem sei gesagt, dass es eben genau dieses Argument war, das IBM in den dreißiger Jahren vorgebracht hat, als sie bei der Ermordung von Millionen Juden tatkräftig halfen.

Heute wird bedroht, wer in Russland schwul, in der Türkei ein Journalist oder morgen in den USA ein Moslem ist. Wenn Sie nun meinen, »das trifft doch alles auf mich nicht zu«, dann kann man Ihnen nur gratulieren, denn im Schlichten liegt ja auch irgendwie immer etwas sehr Beruhigendes. Wie überhaupt diese ganze perfide Technologie, uns auf Basis der Auswertung unserer eigenen Daten zu manipulieren, etwas sehr Abstraktes hat. Es ist kompliziert, theoretisch, irgendwie technisch, und so beruhigen wir uns damit, dass wir es weder sehen, riechen noch schmecken können. Man könnte auch sagen: »Was ich nicht weiß, macht mich nicht heiß.« Aber das System weiß es. Und nicht nur das, es wendet es aktiv gegen uns an.

Begonnen hat alles damit, dass uns Produkte vorgeschlagen werden, die wir wahrscheinlich mögen. Das kann mittlerweile jeder Schüler für seinen YouTube-Channel nutzen. Heute werden unsere Daten von spezialisierten Firmen nach viel feineren, soziologischen und psychologischen Kriterien sortiert und ausgewertet. Dabei geht es nicht mehr darum, uns etwas anzubieten, sondern darum, uns zu einer Handlung zu verleiten. Mathematische Formeln, sogenannte Algorithmen, werden zu »Prediction Models« geformt, ermöglichen also vorherzusagen, wie das Wetter wird und genauso zuverlässig, wohin Sie reisen werden, was Sie kaufen mögen oder wen Sie wählen werden. Auf dieser Basis werden Ihnen dann Informationen zugespielt, die sie in Ihrer Entscheidung ganz individuell beeinflussen. Das funktioniert so gut, dass Versandhändler in den USA Ware auf den Weg zum Kunden schicken, der diese noch gar nicht bestellt hat. Der Automat kann aber vorhersagen, dass die Ware bestellt wird. Und so klingelt der Bote schon in dem Moment an Ihrer Türe, in dem Sie auf »kaufen« geklickt haben.

Allen Zweiflern sei gesagt: Wenn Ihr harmloses Navi im Auto sagt, links ist Stau, dann biegen Sie doch schon rechts ab. Und eben diese Technik, Sie zu einer Handlung zu verleiten, wird derzeit von Fachfirmen für politische

Parteien und Interessensgruppen optimiert. Nur ist »Stau« keine Botschaft, die einen erfahrenen Autofahrer davon abhalten würde, nicht doch auf der Autobahn zu bleiben. Etwas anders wäre es doch wohl, wenn Ihnen das System vormacht, auf der Strecke bestünde Gefahr durch herabstürzende Brückenteile, um sie damit von Ihrer Route abzubringen.

Und so werden die Botschaften nicht nur immer irrer, immer schriller, immer dramatischer. Sie sind auch durch den immer perfekteren Zuschnitt, die Filterung durch Algorithmen und die deutlich verbesserte Vorhersagequalität in der Lage, unser ganz persönliches Angstprofil, unsere Typologie anzusprechen. Wer nun meint, dass alles sei aufgrund der Datenschutzrechte in Europa oder Deutschland in dieser Form gar nicht möglich, begeht Augenwischerei. Denn was getan werden kann, wird auch getan. Alles andere muss man als naiv bezeichnen. Es wird übersehen, dass Parteien, Unternehmen und Werbetreibende gar nicht den Namen des Empfängers brauchen. Datenschutzrechtlich untersagt ist nur, die gewonnenen Informationen, also das Profil eines Nutzers, mit seinem Klarnamen zu verknüpfen. Das ist für den Erfolg einer Kampagne, zum Beispiel einer ausländerfeindlichen Agitation, gar nicht vonnöten. Es genügt die Desinformation, den »Aufreger«, die »Fake News«, durch gewöhnliche Google-Werbung, Facebook-sponsored-Posts oder am allerbesten viral jener Person zuzuspielen, die aufgrund der zuvor ermittelten Daten für diese ganz individuelle Botschaft empfänglich ist. Die Nachricht verfängt auch ohne die persönliche Ansprache. Ein »Lieber Herr Meier« ist dazu nicht notwendig. Die Kennzeichnung von Herrn Meier mit einer identifizierbaren Nummer, der sogenannten User-ID, hingegen schon. Mit dieser ID ist die Botschaft ganz individuell und 100 % zielgenau an ihn auslieferbar. Sie kennen das von irgendwelchen Schuhen, die Sie sich vor zwei Wochen in einem Online-Shop angesehen haben und die Ihnen nun als Anzeige auf einer seriösen Nachrichtenseite begegnen. Genau der Schuh! Woher wissen die das? Antwort: Aus Ihrem (anonymen) Profil, das übrigens jeder käuflich erwerben kann. Nicht nur bei Google, sondern auch bei Unternehmen, von denen Sie noch nie gehört haben, wie beim Marktführer »Rubicon Project«. Gehen Sie doch mal in den Cookie-Speicher Ihres Web-Browsers (sinnigerweise unter Datenschutzeinstellungen zu finden). Da finden Sie sicherlich neben Hunderten anderen Firmen eine Datei mit dem Namen »Rubicon«. Ein Programmmchen, das alles mitliest, was Sie im Netz so machen. Schuhe, Reisen, Pornos, was auch immer.

In der politischen Kommunikation funktioniert das nach dem gleichen Prinzip, nur geht es nicht um Schuhe, sondern um Meinungsbildung. Herr Meier wird agitiert mit Informationen, von denen er – wie zufällig – schon immer ahnte, dass sie wahr sind. Es ist eben kein Zufall, und es ist seine eigene Wahrheit. Das macht diese Information so stark, so unangreifbar. Für alles andere ist er gar nicht mehr empfänglich, werden ihm doch »seine« Botschaften permanent angeboten, und zwar von seinen sogenannten Freunden. »Lese ich jeden Tag«, wird er sagen. Stimmt, aber eben nur er, nur in seiner Timeline. Es ist eine Blase informationeller Isolation, eine Scheinrealität mit Scheinwahrheiten und Falschinformationen. Herr Meier sitzt in der perfidesten aller Fallen: der permanenten Bestätigung seiner eigenen, auf falschen Informationen und gefälschten Inhalten basierenden Weltanschauung. Wie will man Herrn Meier noch mit Fakten überzeugen, wenn ihm seine Gefühle, seine Sicht der Dinge permanent durch vorgebliche Fakten bestätigt werden? Es sind eben keine Fakten, es sind Faktoide, die Herr Meier nun mit anderen ventiliert, die ebenfalls dieser Gruppe zugeordnet wurden und die sich nun gegenseitig ihre Falschannahmen bestätigen. Ein geschlossenes System, das von außen kaum mehr zu erreichen ist. Der ernsthafte politische Diskurs ist an dieser Stelle machtlos. Eine Ohnmacht, die Politiker dann gern im Satz subsummieren: »Das ist eine verlorene Wählerschicht, die wir nicht mehr erreichen können. Sinnlos.«

Donald Trump hat diese Wähler dennoch erreicht, und zwar mit Hilfe des gleichen »Targeting«, mit dem ein Paar Schuhe angeboten werden, während Hillary Clinton weiterhin auf konventionelle TV-Werbung setzte. »Big Data«

ist nichts anderes als eine Verkettung statistischer Modelle, eine gigantische Rechenaufgabe. Wer einen Volvo fährt und gleichzeitig gern *House of Cards* sieht, ist erstaunlicherweise eher für Obamacare; wer in den Südstaaten lebt, einen PS-starken SUV fährt und *Navy CIS* schaut, eher dagegen. Mir ist klar, dass die humanistische Bildung, die christliche Vorstellung vom Individuum, die biologische Lehre der DNS und nicht die zuletzt die selbstverliebte Idee von der eigenen Einzigartigkeit solche Modelle als absurd erscheinen lassen. Dennoch funktionieren sie mit mathematischer Präzision. Es geht darum, Wähler, kleinste Gruppen, einzelne Personen gar, eben genau mit der Botschaft zu beschicken, die bei ihnen am besten verfängt. Diese Botschaft funktioniert ebenso wie bei der Schuhwerbung.

Dabei hilft Psychometrie. Das ist die technische Schwester der Psychologie. Ein Verfahren, bei dem die Persönlichkeit eines jeden Menschen vermessen wird. Die Idee ist nicht neu. Wer einmal eine Verkaufsschulung mitgemacht hat, hat davon gehört. Grundlage ist ein Modell, das sich im angelsächsischen Sprachraum »OCEAN« nennt (nach den entsprechenden Anfangsbuchstaben Openness, Conscientiousness, Extraversion, Agreeableness, Neuroticism). Demnach charakterisiert sich ein Mensch durch fünf Dimensionen, nämlich Offenheit, Gewissenhaftigkeit, Geselligkeit, Verträglichkeit und Verletzlichkeit.

Alles, was Sie im Internet machen, erlaubt Rück-schlüsse auf Ihr Verhalten, Ihren Charakter, Ihre Wesens-züge. Sie buchen nur einen Flug nach Paris, doch daraus ergibt sich eine Aussage über Ihr Wesen. Das geschieht durch die Kombination mit Bewegungsmustern, Alter, Religion, Hautfarbe, Geschlecht, Ihre Freunde und na-türlich Ihre Likes auf Facebook. Vielleicht haben Sie auch schon einmal einen kleinen Persönlichkeitstest im Inter-net ausgefüllt, man hat Ihnen dafür eine kostenlose Aus-wertung angeboten (das haben Millionen US-Amerikaner gemacht). Oder Sie haben bei einer Single-Börse bei einem Psycho-Quiz mitgemacht (»Bin ich ein guter Liebhaber?«).

Die psychologische Analyse solcher beliebten Psycho-Quiz-Spiele macht die auf Likes und allgemeinen Bewe-gungsparametern basierende Analyse deutlich präziser. Es geht aber auch ganz einfach mit den Daten, die Sie ganz einfach täglich so im Netz hinterlassen. Mikael Kro-gerus und Hannes Grassegger haben das in einem Artikel der Schweizer Zeitschrift *Magazin* grundlegend beschrie-ben.[53] Demnach braucht man nur 68 Facebook-Likes, um Ihre Hautfarbe mit 95 %iger Treffsicherheit zu bestimmen, welche Partei Sie wählen, welche sexuelle Orientierung Sie haben, oder ob Sie dem Drogenkonsum verfallen sind. Fun fact: Man weiß auf dieser Basis sogar, ob Ihre Eltern noch zusammen sind.

Der 34-jährige Psychologe Michael Kosinski hat die-se Methode entwickelt, und sie schlägt alles. Kosinski genügen zehn Facebook-Likes, um eine bessere Einschätzung einer Person abzugeben, als es der Arbeitskollege des Probanden könnte. Siebzig Likes genügen, um einen guten Freund zu überbieten, hundertfünfzig, um die eigenen Eltern in den Schatten zu stellen, und ab dreihundert Likes ist der eigene Partner geschlagen. Dreihundert Likes? Jeder halbwegs aktive Facebook-Nutzer hat Tausende hinterlassen, und mit jedem weiteren wird die Treffsicherheit bedeutend höher.

Die Schweizer Harvard-Professorin Iris Bohnet geht sogar davon aus, dass in zehn Jahren Vorstellungsgespräche durch »People Analytics« ersetzt werden, weil die Maschine den Bewerber besser bewerten kann als der Leiter der Personalabteilung.[54]

Michael Kosinski verfeinert sein Modell derweil. Mittlerweile kann sein Team allein über das Porträtfoto eine Zuordnung zu den OCEAN-Faktoren vornehmen. Aber auch die Nachtaktivität (Log-ins), die Bewegungen des Handys oder Informationen, wie weit wir reisen, geben Auskunft über unsere mentale Stabilität, unser Sicherheitsbedürfnis, unsere Ängste. Dem Grunde nach existiert von jedem Menschen, der sich im Internet bewegt, ein vollständiges Psychogramm.

Im Bundestagswahlkampf 2013 machten sich Sabine Beikler und Hans Monath vom Berliner *Tagesspiegel* die Mühe nachzuzählen, wie viele Tweets (nur hundertfünfzig Stück!) ich in meinem Leben abgesetzt habe, um daran meine Qualifikation als Leiter der Digitalkampagne des Kanzlerkandidaten Peer Steinbrück zu messen.[55] Rührend. Das ist ungefähr so, als würde man einen Braumeister danach bewerten, wie viele Bier er abends in der Kneipe trinkt. Vor allem aber zeugte es von totaler Unkenntnis der Materie. Denn das Einzige, was uns vor ungehemmter Durchleuchtung schützt, ist Datensparsamkeit. So habe ich weder Facebook-Freunde noch twittere ich, und vor allem habe ich noch nie einen Beitrag eines anderen Accounts gelikt, denn das ist es doch, was uns vollkommen nackt im virtuellen Raum stehen lässt.

Die Journalisten vom *Magazin* haben in diesem Zusammenhang den zutreffenden Begriff der »Menschensuchmaschine« geprägt. Nehmen wir an, Sie sind der Chef einer Wahlkampagne und suchen nach wütenden weißen Männern über 45 Jahre in Dresden, die Zuwanderer offen ablehnen und gewaltbereit sind. Kein Problem. Aber Sie möchten 29-jährige Frauen, die Bio kaufen und im Prenzlauer Berg alleinerziehend mit Kind leben, ebenfalls für Ihre Kampagne gewinnen. Auch kein Problem. Allerdings ist eine herkömmliche Kampagne nicht in der Lage, diese inhaltliche Bandbreite zu verbinden, weil die unterschiedlichen Botschaften nicht miteinander vereinbar wären.

Die Big-Data-Maschine aber kann's. Sie liefert an den Dresdner eine andere Information aus als an die Mutter vom Kollwitzplatz. Dabei muss es sich nicht um Werbung handeln, es kann sich auch um eine »Fake News« oder einen anderen personalisierten Post in der Timeline handeln. Um es plastisch zu machen, die Partei wirbt beim Dresdner Skinhead mit einer ausländerfeindlichen Parole und bei der Berliner Mutti mit der Forderung nach mehr Kita-Plätzen. Maßgeschneiderte Botschaften, die sich an den Interessen, perfider noch, am Psychogramm des Einzelnen orientieren.

Das erklärt, warum Donald Trump trotz irrwitziger Widersprüche gewinnen konnte. Das *Magazin* schreibt, das Trump-Team habe am Tag des dritten TV-Duells gegen Hillary Clinton über 175 000 verschiedene Versionen seiner Argumente gestreut. Teilweise waren die Abweichungen minimal, fast alles wurde über Facebook verbreitet. Cathy O'Neil, eine Datenwissenschaftlerin der Columbia University, hatte bereits ein halbes Jahr vor der Wahl behauptet, dass sich Trump wie ein »perfekter, opportunistischer Algorithmus« verhalte.[56]

Es geht also darum, an Emotionen zu appellieren. Denn sie sind der Hauptantrieb für unsere Handlungen, demnach auch für das, was wir wählen. Nun kann man nicht jeden aktivieren, also dazu bewegen, einen Kandidaten zu wählen, aber man kann ihn sehr wohl dazu bewegen, zu Hause zu bleiben. Diese Methode nennt man »dark posting«. Sie sind dann zwar nicht für Donald Trump, aber man zeigt Ihnen immer wieder haarsträubende Geschichten und Lügen über Hillary Clinton. Deshalb werden Sie vermutlich Trump nicht wählen, Clinton aber auch nicht.

Genau das ist in den USA passiert. Umgekehrt versucht man, die Wähler des eigenen Kandidaten zu motivieren, am Tag der Wahl das Haus zu verlassen und ihre Stimme abzugeben.

Eine erfolgreiche Wahlkampagne moderner Prägung basiert also auf drei Techniken: Algorithmen selbstlernender Maschinen, maßgeschneiderte Botschaften und Manipulation von Emotionen. Sie erinnern sich in diesem Zusammenhang vielleicht an den Bankvorstand, der sich über die Meldung zu Renate Künast echauffierte. Ein perfekter Treffer. Der Mann wurde hinsichtlich seines Psychogramms genau an der Stelle getroffen, die bei ihm starke Gefühle auslöste. Solche Motive sind zum Beispiel Harmonie, Neugierde oder Dominanz. Auf Basis dieser Kenntnis kann die jeweilige Botschaft dann ziemlich perfide gespielt werden. Zum Beispiel über Neid. Jedes Äffchen futtert nur so lange zufrieden Bananen, bis der andere Affe im Käfig Trauben bekommt. Genauso funktioniert die Meldung: »Die Griechen liegen am Strand, und wir malochen.« Ihr Wahrheitsgehalt ist irrelevant, es zählt einzig, dass diese Gruppe entsprechend aufgestachelt wird und dann auch so handelt. Man nennt diesen Ansatz »funktionale Lügen«, es ist letztlich eine Methode aus dem Baukasten der nachrichtendienstlichen Desinformation.

In diesem Zusammenhang ist in der Öffentlichkeit erstmals der Name Cambridge Analytica bekannt geworden, jene Firma, die diese Datenanalyse und -aufbereitung zu Trumps Kampagne geleitet hat. Sie kombiniert drei der vorgenannten Strategien: die Big-Data-Auswertung unter Einsatz künstlicher Intelligenz (AI), das Ad-Targeting, also die gezielte Werbung an sehr viele, sehr kleine, spezifische Gruppen, und die psychologische Verhaltensanalyse. Der Chef, Alexander Nix, gibt an, seine Firma besäße psychologische Profile von zweihundertzwanzig Millionen Amerikanern. Das wären nahezu alle, die wahlberechtigt sind. Zudem behauptet die Firma, nicht hundertfünfzig oder dreihundert Datenpunkte zu jedem User zu besitzen, also jene Menge, die mehr über uns weiß als unser eigener Partner, sondern zwischen dreitausend und fünftausend Referenzpunkte zu jedem US-Bürger. Das bietet die uneingeschränkte und vollständige Transparenz jedes einzelnen Menschen und nebenbei ein Erpressungspotenzial der Superklasse, nicht zuletzt gegenüber Spitzenpolitikern und den Repräsentanten des Staates.

Cambridge Analytica steuerte auch die Brexit-Kampagne. Ein Zufall ist das nicht. Die englische Zeitung *The Guardian* hat in einem aufsehenerregenden Artikel recherchiert, wie die britische Öffentlichkeit durch die Kampagne von der Firma manipuliert wurde.[57] Sie gehört dem Hedgefonds-Milliardär Robert Mercer, einem Unterstützer Trumps und Freund des britischen EU-Gegners Nigel Farage. Die Geschichte, die der *Guardian* um diese Firma herumrecherchiert hat, führt hier zu weit. Es ist ein dunkler, dystopischer Bericht über den Einfluss einzelner

Menschen, Milliardäre allesamt, die, aufgrund mangelnder politischer Gegenwehr, einen stillen Machtwechsel vorbereiten, den Weg in einen neuen Totalitarismus, wie es der Sozialpsychologe Harald Welzer einmal zutreffend nannte.[58] Ein Wissenschaftler, dessen Fachgebiete die Entstehung der NS-Zeit und des Stalinismus sind.

Der Wahlkampf, wie Sie ihn kennen, ist ein Auslaufmodell. Es rührt mich, wenn ich auf Marktplätzen Schirme, Stehtische und Kugelschreiber der Parteien sehe. Die Entscheidungen über die Bestellungen dieser Werbemittel verschlingen in Parteizentralen Meeting um Meeting. Es macht einfach so viel Spaß, sie aus den bunten Katalogen auszusuchen. »Dieses Jahr nehmen wir aber die Kulis mit den zwei Minen!«

Es geht auch nicht darum, dass der Kandidat auf Facebook ein Profil hat. Dem folgen dann ein paar Tausend Menschen, da kann er auch auf dem Marktplatz der Kleinstadt stehen bleiben, da kommen eher mehr Wähler vorbei. Das ist Quatsch, ein Missverständnis. Der Wahlkampf wird heute mit nachrichtendienstlicher Intelligenz, Desinformation, funktionalen Lügen und Micro Targeting geführt. Er findet unter Ausschluss der Öffentlichkeit statt. Ein überaus gefährliches politisches Instrument, eine destruktive Waffe. Dazu muss man keine teuren Systeme errichten, das hat der Trump-Wahlkampf gezeigt, der im Wesentlichen auf die Infrastruktur von Facebook setzte.

Wir haben bei zahlreichen Wahlen der letzten Monate festgestellt, dass die Marktforschung nicht mehr ihre bisherige Vorhersagequalität erfüllen konnte. In Zusammenhang mit der Wahl zum 45. US-Präsidenten war das besonders offensichtlich. Ich sehe darin einen Beleg für das zuvor Beschriebene.

Als Demokraten müssen wir uns die Frage stellen, ob wir es zulassen dürfen, dass freie Wahlen, dass der politische Willensbildungsprozess in dieser Art und Weise durch unsichtbare und intransparente psychologische Manipulations-, moderne Datenanalyse- und Vorhersagetechniken beeinflusst wird.

# Psychologie des Politischen

»Psycho Politico« ist eine Chiffre des Wahrnehmungswandels im politischen Betrieb. Doch wo genau liegt der Irrsinn? Sind es tatsächlich Politiker, die hysterische Auftritte produzieren, um Aufmerksamkeit zu erlangen oder so schlicht sprechen, dass eine Mehrheit das Gefühl hat: »Er ist einer von uns!«? Oder sind es die neuen Medien, die Techniken entwickelt haben, uns perfide und unbemerkt zu manipulieren? Oder ist der Irre gar der Wähler selbst, dem mancher schon am liebsten die Möglichkeit absprechen möchte, sich an Wahlen zu beteiligen, weil er komplexe Zusammenhänge nicht mehr versteht und Versprechen hinterherrennt, die erkennbar niemals einzuhalten sein werden?

Die These dieses Essays ist, dass mathematisch ausgeklügelte Technik und subjektiv-individuelle Psychologie nicht nur zwei Seiten einer lautlosen Revolution sind, sondern vielmehr auf sehr effiziente Weise miteinander verbunden werden. Wenn der Zukunftsforscher Gerd Gerken in den achtziger Jahren Vortragssäle mit der Botschaft füllte, die zunehmende High Tech werde perspektivisch durch einen emotionalen High Touch kontrastiert,[59] also das Bedürfnis der Menschen nach einer analogen, einfachen Welt, dann mag das für Badezusätze und Duftkerzen gelten. In der Analyse des gegenwärtigen Umbruchs ist gleichwohl festzustellen, dass sich beide Seiten, die mathematische und die psychologische, vielmehr miteinander verbinden.

Über Technik wurde in den vergangenen Jahren viel geschrieben, ihr rasanter Bedeutungszuwachs für unser Leben ist offensichtlich. Mit den psychologischen, individuellen Aspekten beginnen wir erst uns auseinandersetzen. Wir müssen diese wenig naheliegende Symbiose nicht nur verstehen, sondern als Herausforderung an unsere Gesellschaft begreifen.

Psychologie wird uns im politischen Kontext beschäftigen, im Zusammenhang mit Staatsmännern und -frauen, die ohne den Auswahlprozess der Parteien, aber durch Einsatz moderner Medien an die Macht gelangen. Wer ist diese Person, die über unser aller Leben bestimmt, über Massenvernichtungswaffen verfügt und unser Schicksal in der Hand hält? Jeder Pilot wird regelmäßigen psychologischen Tests unterzogen, bevor man ihm das Steuer einer Linienmaschine und damit die Verantwortung für dreihundert Menschen anvertraut. Der sogenannte

Führer der westlichen Welt, der amerikanische Präsident, trägt die Verantwortung für über dreihundert Millionen Amerikaner – einen entsprechenden Test hat er ganz offensichtlich nicht absolviert.

In diesem Zusammenhang kann es uns nur mit großer Sorge erfüllen, wenn führende Mediziner der Eliteuniversität Yale Donald Trump attestieren, dieser sei ernsthaft psychisch krank[60] und leide unter Paranoia, Wahnvorstellungen und einer unheilbaren Form des böswilligen Narzissmus.

Da fragt sich der Laie, wie viel Psycho verträgt die Politik? Und kann es sein, dass unsere Welt immer irrer wird, oder kommt einem das eigentlich nur so vor? Zunächst könnte man vermuten, dass die Möglichkeiten, allen nur denkbaren Irrsinn von sich zu geben, in erster Linie durch die sozialen Medien deutlich gewachsen sind. Früher haben die Leute auch Quatsch geredet, das haben aber nur die drei in der Eckkneipe mitbekommen, und niemanden hat es weiter gestört.

Möglich wäre auch, dass wir neuerdings einfach von »irre erfolgreichen Psychopathen« umgeben sind, wie es der Hirnforscher Niels Birbaumer schon vor Jahren diagnostiziert hat.[61] Die interessieren sich für Geld, Macht und Kontrolle über Menschen. Zu deutsch: Die Top-Leute in Wirtschaft, Politik und Medien haben quasi berufsbedingt einen an der Waffel. ADHS als Qualifikationsmerkmal. In der schönen neuen Start-up-Welt der digitalen

Entrepreneure wird das nur anders genannt: »intuitives Entscheiden«, »Risikobereitschaft«, »Führungsqualitäten« und »fokussierte Leidenschaft«.

Der Unterschied zu denen, die in der Anstalt sitzen, ist also nur der Grad an Intelligenz, die Frage, wie man seine Störung verkauft. Ich selbst war immer der Meinung, dass meine eigene ein gewisses Potenzial hat, aber das ist ein anderes Thema.

Narzissten und Psychopathen sind immer gern gesehen in den Medien. Es ist dieses Schillernde, Aufregende, Bunte, Kirmesartige, das die Zuschauer fasziniert, und sicherlich gibt es diesen Typ bisweilen auch in der Politik. Das ist allerdings ein polemisches, ein verzerrtes und reißerisches Bild, an dem vielleicht mancher Bürger eine kleine Genugtuung erfahren mag. Der Realität entspricht es jedenfalls (noch) nicht.

Ich möchte in diesen Zusammenhang auf den Beginn dieses Textes verweisen, auf die These, dass die Angst ein verbindendes Element zwischen den Menschen ist, sozusagen der gemeinsame Nenner. Fritz Riemann hat in seinem Buch »Grundformen der Angst« auf vier uns alle prägende Formen der Angst verwiesen.[62] Ein Modell, das ich gegenüber dem amerikanischen OCEAN-Ansatz bevorzuge. Letzterer ist erkennbar aus der Verkaufspsychologie entstanden. Er dient dazu, die Menschen zu etwas zu verleiten. Das ist sinnvoll, wenn man die Funktionsweisen des Targeting erläutert, weil es in diesem Zusammenhang um Manipulation geht. Will man aber verstehen, warum die Menschen handeln, wie sie handeln, ist man mit dem Riemann-Modell besser bedient, weil es näher am Menschen und seinen Nöten ist. Diese Ängste erklären politische Handlungsmuster, Wählerwanderungen, aber auch Reaktionen wie Verschiebung und Projektion, Wut und Verzweiflung. Das Modell erklärt, ohne zu urteilen.

Die vier Typen fasse ich an dieser Stelle kurz zusammen. Es wird darauf verzichtet, auch die weibliche Form zu nennen. Selbstverständlich ist das Modell für Männer und Frauen gleichermaßen gültig.

## Der Progressive

### *Das ist seine Grundangst*

Ein latenter Narzisst mit der Angst vor dem Endgültigen, dem Notwendigen. Er empfindet das Verpflichtende als Zwang, als Unfreiheit. Motto: Regeln sind egal, ich lasse mich doch nicht einsperren! Veränderung und Neues sind seine Welt. Ihm liegt Schaumschlägerei, Prahlerei bis hin zu paranoiden Zügen. Der Typ »Wechsel« ist Generalsekretär oder »junges Talent« in der Partei.

### *So tritt er in der Öffentlichkeit auf*

Seine Körpersprache ist offen, voller Energie, die Arme sind stets in Bewegung, wenn er redet, um dem Gesagten Nachdruck zu verleihen. Er ist schwungvoll und energe-

tisch und macht insgesamt stets einen sonnigen, gutge-
launten Eindruck. Sein Tonfall entspricht dem: begeis-
ternd, lebhaft, ein guter Redner, locker und ohne Angst,
in der Öffentlichkeit aufzutreten. Spaß, Vergnügen, der
letzte Trend und immer offen für Neues – das ist seine
Welt. Sein Credo lautet: »Lebe jeden Tag, als wäre es dein
letzter.« Man kommt ihm entgegen, wenn man seine
Pläne bewundert. Wird die Schwelle zum Theatralischen
überschritten, zeigen sich mitunter starke Tendenzen von
Unzuverlässigkeit, er erfindet Lügen und Geschichten.

## Der Konservative

### Das ist seine Grundangst

Der Analyst hat Angst vor dem Wandel, vor der Veränderung. Er empfindet das Neue als unsicher und die Vergänglichkeit als bedrohlich. Motto: Wenn ich loslasse, gerät die
Welt aus den Fugen! Der Typ »Dauer«, ein Analytiker mit
zwanghaften Zügen. Dieser Typ ist Minister geworden,
wäre aber lieber beamteter Staatssekretär geblieben.

### So tritt er auf

Seine Körpersprache ist reduziert, er gestikuliert nicht,
verhält sich distanziert, seine Mimik ist introvertiert und
wenig ausdrucksstark. Sein Tonfall ist eintönig, fast mo-
noton, die Worte werden sehr kontrolliert gewählt, er
spricht leise und nachdenklich, wägt ab. Präzision, Fakten,

Logik, Recht und Ordnung, Beweise – das ist seine Welt. Was er braucht, ist Planbarkeit, Regeln und Stabilität. Sein Credo lautet: »Vorsicht ist die Mutter der Porzellankiste.«

## Der Despot

### Das ist seine Grundangst

Der Machtmann hat Angst vor Abhängigkeit und einer Schwächung seiner Individualität. Motto: Wenn ich mich einlasse, löse ich mich auf! Ein Einzelgänger mit schizoiden Zügen, ein kalter Machtmensch. Das ist der Partei- oder Fraktionschef. Es ist der Typ »Distanz«.

### So tritt er auf

Die Körpersprache ist von raumgreifenden Machtgesten bestimmt. Der Auftritt ist dominant und selbstsicher, der Blick kühl und direkt, der Tonfall ist oft schärfer, als es der Situation angemessen ist, abweisend und fordernd, oder gleich im Kommandoton. Seine Welt sind Resultate und Ergebnisse, Profit, alles muss messbar sein. Sie erkennen ihn an der Schnelligkeit, mit der er auf bestimmte Situationen in ungewöhnlicher Schärfe reagiert. Ersatz für mangelndes Gefühl. Ausbrüche kann er schlecht kontrollieren. Sie spulen sich einfach ab, oft ganz unbeabsichtigt. Das passiert, wenn man dem Distanzmenschen zu nahe kommt. Der Typ »Distanz« ist in sich hochempfindlich und labil, jede kleine Attacke nimmt ihn schwer in Beschlag.

# Der Menschenfreund

### *Das ist seine Grundangst*

Der Helfer hat Angst vor der Einsamkeit, verlassen zu werden, ungeborgen und isoliert zu sein. Motto: Stelle ich mein Ich zu sehr in den Vordergrund, werde ich nicht geliebt. Der Typ »Nähe« ist ein Ortsverband-Grillabend-Gruppenmensch und wählt die Grünen, obwohl er eigentlich in der CDU ist.

### *So tritt er auf*

Seine Körpersprache ist weich, warm, herzlich, umarmend, aber zurückhaltend. Der Helfer ist ein guter Verhandler, der Leute an einen Tisch bringt und gern zwischen allen vermittelt. Sein Tonfall ist ruhig, manchmal zögerlich und eher leise. Er stellt ungern die eigene Person in den Vordergrund. Sicherheit, die Dinge »Schritt für Schritt gehen«, Vorsicht, Vertrauen, Sorgfalt vor allem auch gegenüber den Gefühlen von und in Harmonie mit anderen.

Natürlich besteht die Welt nicht nur aus vier Typologien, und selbstverständlich tragen die meisten Menschen eine Mischung aus mehreren Faktoren in sich oder zeigen ihren Charakter in einer abgeschwächten Form dieser Rollen. In diesem Modell geht es nicht um die Zuschreibung von Eigenschaften, sondern um die dahinterliegenden

Ängste als Erklärungsmodell für Handlungen, die einem ansonsten unerklärlich blieben. Es ist aber auch die Grundlage für die Wirksamkeit politischer Botschaften. Einem progressiven Typ »Wandel« wird man etwas über Zukunft, Fortschritt, neue Märkte näherbringen können. Einem Typ »Dauer« eben das genaue Gegenteil. Da geht es mehr um Heimat, Sicherheit, stabile Renten.

Unsere gegenwärtige gesellschaftliche Realität ist derzeit davon geprägt, dass die Progressiven mit Siebenmeilenstiefeln losrennen und die (globalisierte) Welt erobern wollen, während die Konservativen eben gerade vor diesem Wandel Angst haben. Die Ablehnung von Veränderung, das ist ein gemeinsamer Nenner von Millionen Wählern, die ihre Bedenken für ganz normal halten. So wie andere Menschen ihr Verhalten selbstverständlich ebenfalls für ganz normal halten. Es ist mir immer schon ein Faszinosum gewesen, dass die meisten Menschen der festen Überzeugung sind, ihr »gesunder Menschenverstand«, ihr Blick auf die Welt, wäre der richtige, anderen überlegen.

Der hier beschriebene Zwangsmensch glaubt das in besonders entschiedener Form. Er ist ein Veränderungsphobiker, liebt Präzision, Logik, Recht und Ordnung, Gesetze und Beweise, Sparsamkeit und Kontrolle. An Meinungen, Einstellungen und Erfahrungen wird eisern festgehalten, ein Leben voller Grundsätze, Gewohnheiten und ewiger Regeln. Wer in Angst vor der Veränderung lebt, der weicht neuen Erfahrungen aus, und wenn kein Weg daran vorbeiführt, dann wird die Realität umgedeutet oder gleich geleugnet (»Lügenpresse«).

In anderen Fällen führt der notwendige Realitätsdruck dazu, sich an die neue Situation anzupassen, was aber nicht durch Akzeptanz geschieht, sondern durch eine unbewusste Unehrlichkeit, vor allem auch sich selbst gegenüber. Das lässt wichtige Aspekte außer Acht. Details werden falsch interpretiert oder gleich übersehen. Diesem Wählertyp ist zueigen, dass er Argumente bewusst missversteht oder kategorisch ablehnt, oft mit einer fadenscheinigen Begründung, die erkennbar nur vorgebracht wird, um die einmal gefasste Einstellung nicht verändern zu müssen. Das sind Diskutanten, die stets bei der Form und nie beim Inhalt bleiben. Es geht darum, recht zu behalten, nicht um das Argument selbst.

Wer dermaßen mit Vorurteilen gewappnet durch das Leben geht, der will vor jeder Unsicherheit bewahrt werden, vor Überraschungen und Ungewohntem. Umgesetzt wird das durch Planung, Zeitabläufe, Timings, Strukturen, Meetings und in dem schönen Satz: »Eins nach dem anderen.« Dieses Sichwappnen funktioniert auch über Äußerlichkeiten wie das Hochhalten von Traditionen, Werten, Moral und einer übertriebenen Religiosität. Das alles kann dogmatische Züge annehmen und bis in den Fanatismus reichen. Ein Grund, weshalb sich kurioserweise religiöse Fanatiker, zum Beispiel Islamisten und die äußerste

Rechte hierzulande, hinsichtlich ihrer Psychogramme gar nicht so fremd sind.

Im Geschäft politischer Wahlkämpfe und Kampagnen werden die Großgruppen der Arbeiter, Angestellten und Beamten, die man über Jahrzehnte angesprochen hat, durch Psycho-Profile ersetzt. Leicht zu erraten, dass der Typus »Dauer« vornehmlich von den rechten bis rechtspopulistischen Parteien bedient wird. Ihm Angst zu machen, ist besonders einfach. Das hat damit zu tun, dass Menschen, denen Veränderungen Unbehagen bereiten, letztlich Angst vor dem Tod haben. Es ist die Vergänglichkeit selbst, die sie schreckt, möge doch alles so bleiben, wie es ist.

Im politischen Diskurs ist diese Gruppe deutlich lauter vernehmbar als die anderen. Es fällt ihnen schwer zu akzeptieren, dass etwas nicht ihrer Macht unterliegt, dass sich jemand ihrem Einfluss entzieht. Wird das Ganze auch noch mit einer gewissen Dominanz kombiniert, tritt der »Control Freak« in Erscheinung.

Wenn eine Gruppe alle Macht darauf verwendet, dass die Dinge so zu sein haben, wie sie ihrer Meinung nach sein sollten, wenn also der Zwang besteht, allen anderen das eigene Modell aufzuzwingen, dann entspringen dieser neurotischen Störung Sätze wie: »Wir sind das Volk.«

Denn es ist ja allen klar, dass eine kleine Gruppe nicht das Volk ist. Selbst denen, die in Demonstrationen die entsprechenden Schilder hochhalten, ist der Zusammenhang nicht entgangen. Der Satz bedeutet nicht: »Die Mehrheitsmeinung wird missachtet« (wie in den Wendejahren), sondern er bedeutet: »Unterwerft euch unserer Meinung«, es ist die richtige, auch wenn wir in der Minderheit sind.

Zugleich beschäftigt uns eine andere Gruppe des Typs »Dauer«. Es sind die Techniker. Menschen, die gegenwärtig unsere Zukunft prägen wie keine andere Gruppierung. Programmierer, Coder, Ingenieure, Mathematiker, Analysten, Rechtsanwälte und IT-Manager, die daran arbeiten, die zufällige Mangelhaftigkeit unseres Daseins in strukturierte, berechenbare Modelle, also in reibungslos funktionierende Systeme der digitalen Zukunft zu transformieren. Sie glauben daran, der Menschheit einen Gefallen zu tun. Tatsächlich aber leben sie ihren Traum einer berechenbaren, kalkulierbaren, schönen neuen Welt.

Zwanghafte Menschen haben Probleme damit, anzunehmen, dass es im Menschlichen keine Absolutheit gibt. Dass wir als lebendige Wesen unperfekt, nicht vorausberechenbar, nicht kalkulierbar sind. Deshalb ist »Big Data Prediction«, die mathematische Vorhersage unserer Handlungen, die Realisierung eines Lebenstraums dieser Gruppe. Er wird mit jener übersteigerten Zielorientierung verfolgt, die dem missionarischen Eifer vieler Zwanghafter zu eigen ist: Lückenlose Systeme schaffen, die selbst wieder lückenlose Systeme produzieren, auf dass die Welt ein fehlerfreier Ort werde. Ein Abgesang auf die Natur, eine gewaltsame Vereinfachung des Lebendigen.

Es ist also ein Kuriosum unserer Zeit, dass es eben gerade nicht die hysterischen Wandler, die unsteten Eroberer neuer Märkte sind, die uns die neue digitale Welt bringen, sondern Mathematiker, Analysten, Digitale, kurzum linkische junge Männer, denen vor allem der Kontakt zu Frauen nicht in den Schoß fällt, wenn dieses Bild statthaft ist.

Vom hochintelligenten Mark Zuckerberg ist spätestens seit dem Kinofilm *The Social Network* bekannt, dass er Facebook erfunden hat, weil er junge Studentinnen seiner Universität kennenlernen wollte, die anzusprechen er sich nicht traute.

Die Motivation, Systeme zu entwickeln, sie »fehlerfrei« zu machen, Tausende Zeilen Code zu schreiben, täglich nach Bugs zu suchen, kleinste Fehler zu beheben, steht im Zentrum dieser Berufstätigkeit, ja, des ganzen Lebens. Die lustigen bunten Anwendungen, die Applications, sind nur Fassade einer immer gleich strukturierten Umgebung. Diese Logik ist der Kristallisationspunkt einer ganz neuen Bewunderung, einer Verherrlichung normativer Kraft, einer Kraft, die man selbst erschaffen hat. Wichtiger noch, nach der sich alle anderen zu richten haben. Der Traum des Zwanghaften erfüllt sich, wenn er Menschen in die Form seiner Ansichten, Haltungen, Vorstellungen pressen kann.

Wenn Sie nun meinen, das alles ist nicht mein Thema, ich bin kein Programmierer und schon gar nicht Pegida, weder zwanghaft noch verklemmt, dann sollten wir dem Psychogramm nochmals einen zweiten Blick schenken. Denn Radikalisierung beginnt lange vor der Wut auf Andersartige, Gleichgeschlechtliche oder Fremde. Spuren des Radikalen finden sich in vielen Lebensläufen, wir benennen sie nur anders. Allen ist der angsterfüllte Blick in die Zukunft zu eigen, der stets mit dem Wunsch nach Sicherheit beantwortet wird. Nur, was bedeutet das, wie verschafft man sich »Sicherheit« in dieser Welt? Die Antwort ist: Wir radikalisieren uns.

Der Persönlichkeits- und Sozialpsychologie-Forscher Ernst-Dieter Lantermann hat diesen Mechanismus auch bei jenen Wählern nachgewiesen, die ihn gerade nicht bei sich vermuten.[63] Die Veganer, Impfgegner, Biofetischisten und Verschwörungstheoretiker, die Yoga-Disziplinierten, Apple-Watch-Schritte-Zähler und Quinoa-Prediger, sie alle haben sich auf ihre Weise radikalisiert. Wer das nicht glaubt, starte einmal mit einer Impfgegnerin eine Debatte über die MMR-Impfung ihrer Kleinen. Doch auch Fans von Helene Fischer können durchaus anderen den Tod wünschen, wie die Comedienne Carolin Kebekus erfahren durfte.

Wenn wir heute über Hass im Internet, Verleumdung, Mobbing und Shitstorms sprechen, dann ist das ebenfalls eine Form der Radikalisierung unserer Gesellschaft. Gleiches gilt für Aggressionen gegenüber den Repräsentanten des Staates, die unglaubliche Rücksichtslosigkeit auf unseren Straßen und die Mitleidlosigkeit gegenüber jenen, die im Mittelmeer auf elende Weise verrecken.

Dieselben Menschen brechen in Tränen aus, wenn ein Kätzchen überfahren wird. Der Grund: Unsere Seele wünscht sich trotz allem Harmonie. Weil wir unsere wahren Gefühle aber hinter einem Sicherheitspanzer verstecken, der unsere Ängste zähmen soll, verlegen sich immer mehr Menschen auf Ersatzhandlungen, auf Pathos und Sentimentalität, abgeschaut von Fernsehserien und Liedtexten der Schlagerszene. Wer seinen echten Gefühlen nicht trauen kann, weil sie hinter einer Schutzschicht aus Sentimentalität verborgen werden, der ist empfänglich für pathetische Bilder kleiner Kätzchen und kann von Dritten leicht manipuliert werden.

Dieses vermeintlich empathische Verhalten, so der Literaturwissenschaftler Fritz Breithaupt, der pathetische Überschwang, tendiere zum Selbstverlust und in der Folge zu »Schwarz-Weiß-Denken«.[64]

Wir blicken einer Zukunft entgegen, die von den Zwanghaften, den Ängstlichen und den Sicherheitsbedürftigen dominiert wird. Von jenen, die mit immer neuen Sicherheitssystemen unsere Grundrechte einschränken und solchen, die sich ungefragt zu Systemadministratoren unseres Lebens ernennen.

Es war nur scheinbar zufällig, dass die Mathematiker von Cambridge Analytica zugleich die populistische Rechte in den USA wie auch in Großbritannien unterstützt haben. Man versteht sich. Man könnte auch sagen, alte weiße Männer und junge weiße Männer basteln gemeinsam an einer weltweiten Revolution. Es mag ja sein, dass Mark Zuckerberg in seinen bereits erwähnten Manifesten den Philanthropen staatsmännischer Prägung gibt, unter der allgegenwärtigen Monstranz »Diversity«. Doch es ist eine wohlfeile Pose der Selbstgerechtigkeit, wenn man sich den Facebook-Konzern mit rund 18 000 Mitarbeitern einmal unter dem Aspekt von Gleichberechtigung und Vielfalt ansieht: 2 % Schwarze, 3 % Latinos und knapp ein Drittel Frauen.[65] In Führungspositionen ist sogar nur etwas mehr als ein Viertel der Belegschaft weiblich.

Angst vor Veränderung und eine als Progressivität maskierte Zwanghaftigkeit sind die Grundlagen einer regressiven Revolution, die eine neue Welt erschaffen will. Eine Welt technokratischer Fehlerlosigkeit. Ein Fortschritt, der nicht progressiv und eine Freizügigkeit, die nicht frei sein wird.

*In three words*
*I can sum up everything*
*I learned about life:*
*it goes on*
Robert Frost

## Was daraus folgt

Gewaltenteilung, Freiheitsrechte, Demokratie – wir müssen uns fragen, ob die Ablehnung des progressiven Liberalismus durch eine wachsende Gruppe in unserer Gesellschaft nicht gleich das Ende des Liberalismus im Allgemeinen nach sich ziehen wird. Dessen Grundpfeiler sind die Demokratie, der Rechtsstaat und die soziale Marktwirtschaft. Wobei die Linke gern die soziale Marktwirtschaft als eine Art maskierten Kapitalismus bezeichnet. Sei's drum, unsere bisherige Ordnung befindet sich in einer Krise, ihre Balance ist zumindest aus dem Lot geraten. Grundlage dieser Ordnung ist der Nationalstaat, dessen Wesen es ist, die drei vorgenannten Elemente in einem Kompromiss permanent auszugleichen. Deshalb wird die Findung von Lösungen von den Bürgern als langatmig und teilweise unbefriedigend empfunden, denn der demokratische Prozess ist keine eindeutige Richtungsentscheidung, sondern auf Konsens ausgerichtet.

Es ist eben dieses Modell, dessen nahes Ende man nun erkennen kann. Ausgangspunkt dieser Erosion war und ist die Globalisierung, die Waren und Menschen miteinander verbindet, die Grenzen durch Handelsabkommen auflöst, Nationalbanken verschmilzt (zum Beispiel zur EZB) und nationale Finanzpolitik aushebelt (zum Beispiel durch Euro-Bonds). Es handelt sich um eine weitgehende Vernetzung von Gesellschaften, von Ökonomien, von Produktionsprozessen.

Zugleich entsteht mit der Digitalisierung ein zweiter Dynamisierungsprozess, wachsen virtuelle staatenartige Gebilde, organisieren sich die Menschen, insbesondere die Repräsentanten einer jungen Generation, gänzlich neu. Die sozialen Medien schaffen Gruppierungen mit eigenen Regeln, Gesetzen außerhalb unserer Rechtsordnung und unserem Werteverständnis. Dazu gehört auch eine neue Sprache, eine andere Interpretation von Kultur und ihrer Güter (Leistungsschutz, Urheberrechte, etc.) und eine gänzlich neue Interpretation dessen, was Privatheit und Individualismus bedeutet.

Wo die Globalisierung die Grenzen aufgelöst hat und die physische Nationalstaatlichkeit beendet, löst die Digitalisierung die nichtstoffliche Nationalstaatlichkeit in Form der Rechtsordnung auf und damit jenen flexiblen Klebstoff, der den Kapitalismus und die Demokratie miteinander ausgleichend verbunden hat.

Neben dem Klebstoff gibt es noch einen deutlich fester verbindenden Zement, die Kultur. Der steht aber gerade aus verschiedenen Gründen nicht zur Verfügung. Die Sprache ist durch die Verkürzung der Online-Medien auf dem Rückzug, die Aussagekraft der bildenden Kunst mit ihren Interpretationsangeboten Deutung und Kontext schwindet, seitdem sie sich weitgehend dem Kapital hingegeben hat, und die Politik selbst, als kulturelle Institution, steht vor einer Welle der Entpolitisierung.

Mit Entpolitisierung meine ich nicht in erster Linie die Tatsache, dass der politische Prozess der normativen Regulierung letztlich dazu führt, dass die Politik zwar immer mehr Gesetze erlässt, damit aber zugleich eine Entpolitisierung betreibt, weil ihr die Verantwortung der normativen Regulierung zugleich für diese Bereiche wieder entzogen wird. Ich meine mit Entpolitisierung vielmehr, dass sich abseits von Staat und Gesellschaft eine Grauzone eigener Staatlichkeiten, mit eigenen Regeln und Vorschriften entwickelt, Systeme, die sich der Politik weitgehend entziehen.

Dazu gehören global operierende Konzerne insbesondere des Finanzgewerbes, die Vermögenswerte rund um den Globus verschieben und ganz offenbar der Meinung sind, dass nationalstaatliche Gesetze für sie nicht gelten, wie der VW-Abgasskandal und zahlreiche Steuerdelikte von Banken nahelegen.

Dazu gehört die Digitalindustrie, die in weiten Bereichen außerhalb einer nationalstaatlichen Rechtsordnung operiert und sich kaum darum schert, wenn einzelne Aspekte ihrer Unternehmenskonzepte mit lokalen Normen nicht vereinbar sind, siehe Persönlichkeitsrechte bei Facebook, Auflagen zur Personenbeförderung bei Uber oder Lizenzen für die Beherbergung von Touristen bei Airbnb.

Das Wesen des Staates ist, dass er die Dinge aus einem übergeordneten, am Allgemeinwohl orientieren Blickwinkel betrachtet. Das ist im Blick auf global organisierte Konzerne und Digitalunternehmen jedoch nicht der Fall. Sie haben in erster Linie die Interessen ihrer wirtschaftlichen Agenda und der Shareholder zum Ziel. Anders als ein demokratisches Staatswesen repräsentieren sie eben nicht die Interessen der Allgemeinheit.

Sieht man sich die Gemeinsamkeit der Entwicklung von Ländern an, die den Liberalismus abgewählt haben, also etwa die Türkei, Polen und Ungarn, dann stellt man fest, dass sie mit der Entwicklung neuer loser Staatenmodelle wie Facebook eines gemeinsam haben: Es geht um eine möglichst reibungslose Homogenität ihrer Gemeinschaft. Die erzielt man durch eine Entpolitisierung des Einzelnen. Der politische Mensch ist in der Türkei unerwünscht. Die demokratische Dynamik wird durch das religiöse (und damit homogene) Konzept des Islam ersetzt. Einfacher gesagt: Es ist das Wesen der Demokratie, dass nicht alle das Gleiche glauben, in einer Religion hingegen ist es der Kern der Sache.

Bei Digitalunternehmen wird die Homogenität durch

die Nutzungsbedingungen gewährleistet. Es sind Normen außerhalb des Rechtsstaates, solange sie nicht gegen geltendes Recht verstoßen. Vereinfacht gesagt: Was Meinungsfreiheit bedeutet, das definieren in Zukunft Facebook, Apple, Google & Co.

An diesem Punkt bedeutet Entpolitisierung nicht zuletzt, dass die Bürger Wahlen als Konsumveranstaltung begreifen. Demokratie als Service, Politiker als Dienstleister und Wahlkampf als Unterhaltungssendung.

Man kann das Heraufziehen dieser politischen Krise aber auch an den Menschen selbst festmachen, den Wählern, den Politikern, auch an jenen Technikern, die an unser aller Zukunft schrauben, den selbsternannten Programmierern unseres Lebens. Es ist das Psychogramm regressiver Revolutionäre, deren vorgeblicher Wunsch nach Veränderung rein gar nichts mit Wandel, sondern gerade eben mit der Angst vor selbigem zu tun hat.

Es wird Zeit für eine Bürgerbewegung des Widerstands zur Verteidigung unserer freiheitlichen Grundrechte. Dabei kann uns kurioserweise nur der Staat helfen. Eine anti-libertäre Bewegung zum Schutze der Bürger vor den Autoritätsansprüchen einer viel zu deregulierten digitalen Industrie.

Man könnte auch sagen: Hier geraten die berühmten kategorischen Imperative Adornos miteinander in Konflikt: Einerseits das von Rimbaud entlehnte Fortschrittsmotto »Il faut être absolument moderne«, andererseits

Adornos beständige Forderung, dass sich Auschwitz nicht wiederholen darf.[66]

Unsere Gegenwart ist keine ästhetische Theorie, Adornos »Nicht-Orte« sind eben gerade keine Utopie mehr.

Deshalb ist auch sein Satz: »Nur die Übertreibung ist wahr« keine Aufforderung mehr, den Blick zu schärfen, um die Dinge einmal bis zum Ende durchzudenken. Wir stehen bereits am Beginn dieses Endes.

*Tritt fest auf,*
*mach's Maul auf,*
*hör bald auf.*
Martin Luther

# Nachwort

Den vorliegenden Essay habe ich geschrieben, um damit vor allem jüngeren Mitbürgern eines ganz klarzumachen: In unserer Gesellschaft darf, ja sollte sich jeder im politischen Diskurs äußern, Stellung beziehen, seine Meinung kundtun.

Was wie eine Selbstverständlichkeit klingt, ist in Wirklichkeit eine Forderung, auf deren Notwendigkeit hinzuweisen dringend geboten ist.

Insbesondere im politischen Berlin hat sich eine Meinungsmaschine etabliert, deren Ziel weniger im Diskurs, sondern vielmehr in der Selbstdarstellung und im Selbsterhalt seiner Akteure zu finden ist. So haben sich Inhalts- und Themenpfründe etabliert, deren Eigentümer diese mit Argusaugen verteidigen, nicht selten unter Diffamierung anderer oder Absonderung verächtlicher Kommentare gegen jene, deren Lebensentwurf, Werdegang oder Vita man süffisant in den Dreck ziehen kann. Nicht, weil damit die Meinung des Gegenübers inhaltlich zu kontern wäre, sondern weil es schlicht um die Themenhoheit eines selbsternannten Silberrückens geht, den niemand gewählt hat, der aber schon so lange in Talkshows herumsitzt, dass man vergessen hat, dass er gar keine demokratisch legitimierte Funktion besitzt. Das Phänomen betrifft insofern weniger die gewählten Repräsentanten des Staates als die vielstimmige Kakophonie aus Hauptstadt-Journalisten, professoralen Pseudo-Experten, monothematischen Lobbyisten und sonstigen Einflüsterern. Ihr Ziel ist, den eigenen Einfluss und ihre Deutungshoheit zu schützen und damit all jene auszuschließen, die sich in den Diskurs einbringen möchten (»Was hat er / sie denn mit Politik zu tun«?). Resultat: Man bleibt weitgehend unter sich. Diesen Effekt nennt man gemeinhin auch »Berliner Käseglocke«.

Das betrifft nicht nur Bürger, die einmal ihre – zugegeben mitunter ungelenk vorgetragene – Meinung sagen wollen, sondern neuerdings kurioserweise auch gestandene Politiker wie den gegenwärtigen SPD-Kanzlerkandidaten Martin Schulz. Da äußern die üblichen Hochfrequenz-Talker schon mal in breiter Selbstherrlichkeit, ein Kanzlerkandidat müsse »eine Dachstube mit Innenausbau vorweisen können«,[67] oder merken an, dass man das Amt doch wohl nicht ernsthaft ohne Abitur anstreben könne.[68] Ein Buchhändler, Potzblitz!

Es ist unerheblich, was man von Martin Schulz als Politiker hält – diese Hybris ist eine Klatsche für jeden anständigen Handwerker, Kaufmann, Polizisten. Denn es bedeutet so viel wie: Ihr dürft nicht mitreden. Wer wollte da dem normalen Bürger noch verübeln, wenn er »von denen da oben« nicht mehr viel Gutes erwartet.

Aber auch die Parteien selbst sind weder offen noch durchlässig für Partizipation. Es handelt sich wohl eher um verbale Aufgeschlossenheit bei weitgehender Verhaltensstarre, um es einmal mit dem Soziologen Ulrich Beck zu sagen. Neue Leute werden nicht empfangen, sondern kritisch beäugt oder gleich ausgesondert. Wo 20-Watt-Birnen um kleinste Posten und Pöstchen ringen, werden junge Leute, insbesondere junge Frauen, in jeder Beziehung mit Lust an die Wand gedrängt. Es regieren derart graue Funktionäre in Bezirken und Landesverbänden, dass jedem Neuankömmling direkt der Spaß vergeht. Schlüsselsatz: »Ich habe 25 Jahre lang Plakate geklebt.« Talente finden da schnell von selbst den Weg wieder hinaus, nicht nur aus der Berliner CDU.

Das krude Selbstverständnis mancher Akteure in den Parteien, vor allem aber des politischen Umfeldes, ist ein wesentlicher Grund, warum der gesellschaftliche Diskurs in einer Sackgasse ist. Wer das mediale Powerplay der selbsternannten Mächtigen über sich ergehen lassen muss, wird es sich zweimal überlegen, ob er sich mit seiner Meinung in eine öffentliche Diskussion einbringt. Vom Horror der allgegenwärtigen Social-Media-Gülle ganz zu schweigen.

Zur Wahrheit gehört aber auch, dass man bei manchem Medium der etablierten Presse die Frage stellen darf, ob all diese Inhalte tatsächlich noch von der Pressefreiheit gedeckt sind. Da werden Leute niedergemacht, legen Chefredakteure über Jahre private »Dossiers« über Personen des öffentlichen Lebens an (sogenannte »Giftschränke«), mit denen zu passender Gelegenheit »Druck« gemacht und das eigene Medium unter dem Label der Pressefreiheit wahlweise zur politischen Einflussnahme oder zur Promotion des Ruhmes des jeweiligen Journalisten missbraucht wird. Nicht, weil dessen Artikel so herausragend wären, sondern weil er gerade mal wieder eine Biographie über einen Kandidaten im Buchhandel hat. Man könnte auch sagen: Die Berichterstatter der Interessenskonflikte haben einen Interessenskonflikt, über den allerdings nicht berichtet wird.

Es ist ein Merkmal unserer Zeit, Äußerungen lauter Minderheiten zu riesigen Scheinthemen aufzublasen. Den sogenannten Shitstorm bekommen die meisten Menschen erst mit, wenn die klassischen Medien sich in Selbsterniedrigung ihrer eigenen Bedeutung zum Handlanger sozialer Medien machen und die irren Postings, nächtlichen Tweets und merkwürdigen Facebook-Einträge wiedergeben und damit überhaupt erst massenhaft verbreiten: Konsequenz einer Aufmerksamkeitsökonomie, die eine schweigende Mehrheit in ihrer Meinungsäußerung und damit in ihren demokratischen Bedürfnissen nicht nur benachteiligt, sondern die politische Realität verzerrt und verfremdet.

Deshalb ist dieser Text vor allem ein Plädoyer, das Lamento, das Jammern über politische Zusammenhänge hinter sich zu lassen und endlich hinter den Gardinen der geordneten Reihenhäuser hervorzutreten und sich in einen sach- und themenbezogenen politischen Diskurs einzubringen, dessen Bedeutung die breite gesellschaftliche Mitte unterschätzt.

Eine enorme Revolution ist im vollen Gange. Ein stürmischer Mix aus Digitalisierung, Globalisierung und ökologischem Wandel bedeutet, dass das Leben, wie wir es kennen, schon sehr bald nicht mehr das gleiche sein wird. Diese Neuordnung braucht Mitsprache, Mitbestimmung, Teilhabe. Ein Facebook-Like ist keine demokratische Willensäußerung, und flüchtige Blog-Post-Empörung ändert nichts an Missständen. Wer meint, sein Apple-Notebook sei eine Waffe, hat nicht verstanden, wer die Kugeln besitzt.

Einmischung, Widerstand, Protest und Mitbestimmung sind gerade jetzt gefordert. Deshalb: Habt Mut, tretet auf und macht endlich das Maul auf!

Roman Maria Koidl, im Juli 2017

# Quellenverzeichnis

1   Süddeutsche Zeitung vom 20. April 2016

2   Panorama, »Wozu Demokratie?«, ARD, 12. Januar 2017

3   Statistik der Stadt München, Referat für Arbeit und
    Wirtschaft, 2017, abrufbar unter http://www.muenchen.de/
    veranstaltungen/oktoberfest/schmankerl/wiesn-
    wirtschaftsfaktor.html

4   Pressekonferenz des Bundesministers des Inneren,
    Dr. Thomas de Maizière, am 24. April 2017, zur Gewalt-
    statistik 2016

5   wie vor

6   Heitmeyer, Prof. Dr. Wilhelm, »Studie Gruppenbezogene
    Menschenfeindlichkeit (GMF Survey 2002 – 2012)«, Univer-
    sität Bielefeld, 2012

7   Mohr, Reinhard, »Das gebildete Deutschland schafft sich ab«,
    Die Welt, 17. August 2014

8   Scherer, Michael Miller / Zeke J., »Donald Trump After Hours«,
    Time Magazine, 8. Mai 2017

9   Brennan, Jason, »Against Democracy«, Princetown University
    Press, 2017

10  Mayr, Anna, »Mama wählt nicht«, SPIEGEL Online,
    14. April 2017

11 Ditfurth, Jutta, »Große Teile der Mittelschicht sind dabei, sozial zu verrohen«, Interview mit Telepolis am 24. Januar 2014

12 Luhmann, Niklas, »Ökologische Kommunikation«, Westdeutscher Verlag, 1986

13 Wagner, Franz-Josef, »Betrifft: Ehepaar Erdogan«, BILD-Zeitung vom 18. April 2017

14 »Der Facebook-Faktor – Wie das soziale Netzwerk die Wahl beeinflusst«, Süddeutsche Zeitung, 3. Mai 2017

15 The Economist, »The Economist talks to the President of the United States about economic policy«, 11. Mai 2017, abrufbar unter http://www.economist.com/Trumptranscript

16 Bude, Prof. Dr. Heinz, »Gesellschaft der Angst«, Hamburger Edition Verlagsgesellschaft, 2014

17 »Wieso ein Mann und ein Hund bei Ökonomen so beliebt sind«, Tagesanzeiger Schweiz, 6. Dezember 2016

18 Bostrom, Nick, »Superintelligence – Path, Danger, Strategies«, Oxford University Press, 2016

19 Kurzweil, Ray, »The Singularity Is Near: When Humans Transcend Biology«, Penguin Books, 2006

20 Vinge, Vernor, »The Coming Technological Singularity – How to Survive in the Post-Human Aera«, San Diego State University, 1993

21 Auf der »Altius Konferenz« am 30. September 2016 in Oxford, England, unter dem Titel »The Brain of the Future: Artificial Intelligence, Robotics, Governance and Politics in the Age of Thinking Machines«

22 Statistisches Bundesamt, 2016

23 Frey, Carl Benedict / Osborne, Michael A., »The Future of Employment: How Susceptible are Jobs to Computerisation?«, University of Oxford, 17. September 2013

24 Brynjolfsson, Erik / McAffee, Andrew, »Race Against the Machine«, Digital Frontier Press, 2011

25 Fratzscher, Prof. Dr. Marcel, Schautafel des DIW – Deutsches Institut für Wirtschaftsforschung, in der ZDF-Sendung »Maybrit Illner« am 18. Mai 2017

26 Interview mit Jens Spahn im heute journal, ZDF, 11. Mai 2017

27 Faas, Prof. Dr. Thorsten, »Retten die Malocher die SPD?«, FAZ vom 12. Mai 2017

28 wie vor

29 »Mehrheit der Deutschen hält Medien für korrupt«, ZEIT Online, AFP. 9. Juli 2013

30 Fraser, Nancy, »Vom Regen des progressiven Neoliberalismus in die Traufe des reaktionären Populismus«, Suhrkamp Verlag, 2017

31 Wladimir Putin, Botschaft des Präsidenten an die Föderalversammlung am 12. Dezember 2014

32 Herrmann, Sebastian, »Mitleid braucht Geschichten«, Süddeutsche Zeitung, 6. Mai 2017

33 Fritzsche, Lara, »Gut weggekommen«, SZ-Magazin, 9. März 2017

34 Lakoff, Prof. George, »The Political Mind«, Penguin Books 2008

35 Foster Wallace, David, »Transcription of the 2005 Kenyon Commencement Address«, Kenyon College, 21. Mai 2005

36 Wehling, Dr. Elisabeth, Vortrag Heinrich-Böll-Stiftung, 4. März 2016

37 wie vor

38 Jacobsen, Lenz, »Terror in Zahlen«, Die ZEIT, 23. März 2016

39 Bundesgesundheitsminister Hermann Gröhe in der ARD-Sendung Hart aber Fair, »Gefahr Krankenhaus«, 3. April 2017

40 Ministerpräsident Winfried Kretschmann in einem Interview mit der »Stuttgarter Zeitung« am 19. Mai 2017

41    Lamby, Stephan, »Nervöse Republik«, ARD, 19. April 2017,
      22:45 Uhr

42    »Weshalb sich Facebook mit Fake News verschätzt hat«, FAZ
      vom 18. Mai 2017

43    »Revealed: Facebook's internal rulebook on sex, terrorism
      and violence«, The Guradian, 21. Mai 2017, abrufbar unter
      https://www.theguardian.com/news/2017/may/21/revealed-
      facebook-internal-rulebook-sex-terrorism-violence

44    Pörksen, Prof. Dr. Bernhard, »Fünfte Gewalt«, Cicero,
      Januar 2015

45    »Wie Facebook, Google & Co. die Welt zensieren«, Handels-
      blatt, 25. August 2012

46    »Bigot‹ ist tabu«, Süddeutsche Zeitung Digital, 16. Juli 2013

47    Cremers, Prof. Dr. Daniel, Ordinarius für Bildverarbeitung
      und Mustererkennung, TU München, »Facebook sollte nicht
      den Ahnungslosen spielen«, FAZ, 28. Februar 2017

48    Das Zitat von Max Frisch wurde aus Platzgründen gekürzt,
      es lautet vollständig: »Technik ist ein Kniff, die Welt als Wider-
      stand aus der Welt zu schaffen, beispielsweise durch Tempo
      zu verdünnen, damit wir sie nicht erleben müssen.«

49    Black, Edwin, »IMB and the Holocaust«, Time Warner Paper-
      backs, 2001

50    Watson, Thomas J. / Petre, Peter, »Der Vater, der Sohn & die
      Firma – Die IBM-Story«, Heyne Verlag 1990

51    »Versicherung ersetzt 34 Mitarbeiter durch künstliche Intelli-
      genz«, Deutschlandfunk Nova (DRadio Wissen),
      Radio Feature vom 24. Januar 2017, abrufbar unter
      https://www.deutschlandfunknova.de/beitrag/versicherung-
      in-japan-statt-angestellten-rechnen

52    In einem TV-Interview gegenüber dem Sender CNBC am
      9. Dezember 2009

53    Grassegger, Hannes / Krogerus, Mikael, »Ich habe nur gezeigt,
      dass es die Bombe gibt«, Das Magazin, 3. Dezember 2016

54 Bohnet, Prof. Dr. Iris, »What works – Gender Equality by Design«, Oxford University Press, 2016

55 Beikler, Sabine / Monath, Hans, »Falsch Beraten«, Der Tagesspiegel, 22. November 2012

56 O'Neil, Cathy, »Weapons of Math Destruction: How Big Data Increases Inequality and Threatens Democracy«, Allen Lane Publishing, 2016

57 »The great British Brexit robbery: how our democracy was hijacked«, The Guardian, 7. Mai 2017

58 Welzer, Prof. Dr. Harald, »Totalitarismus ohne Uniform«, Der SPIEGEL, 8/2015

59 Gerken, Gerd, »Die Zukunft des Handels«, Haufe Verlag 1987

60 »Donald Trump has ›dangerous mental illness‹, say psychiatry experts at Yale conference«, The Independent, 21. April 2017

61 »Psychopathen – Die meisten sitzen nicht im Gefängnis«, P.M. Magazin, Gruner & Jahr Verlag, 10. Dezember 2009

62 Riemann, Fritz, »Grundformen der Angst«, Ernst Reinhardt Verlag, 1961

63 Lantermann, Prof. Ernst-Dieter, »Die fanatisierte Gesellschaft«, Blessing Verlag, 2017

64 Breithaupt, Fritz, »Die dunklen Seiten der Empathie«, Suhrkamp Verlag, 2017

65 Facebook Diversity Update, »Positive Hiring Process Show Progress«, 14. Juli 2016

66 Adorno, Theodor W., »Wozu noch Philosophie?«, in Gesammelte Schriften, Band 10/2, Suhrkamp Verlag Frankfurt, 1997 (S. 473)

67 Steingart, Gabor, »Kanzlerholz«, Titelseite des Handelsblatt, 28. November 2016

68 Fleischhauer, Jan, »Verpiss dich, Elite«, SPIEGEL Online, 5. Dezember 2016